ANA PAULA MATHIAS DE PAIVA

PROFESSOR CRIADOR
fabricando livros para a sala de aula

autêntica

Copyright © 2015 Ana Paula Mathias de Paiva
Copyright © 2015 Autêntica Editora

Todos os direitos reservados pela Autêntica Editora. Nenhuma parte desta publicação poderá ser reproduzida, seja por meios mecânicos, eletrônicos, seja via cópia xerográfica, sem a autorização prévia da Editora.

COORDENADORA DA SÉRIE CONVERSAS COM O PROFESSOR
Sonia Junqueira

EDITORA RESPONSÁVEL
Rejane Dias

EDITORA ASSISTENTE
Cecília Martins

REVISÃO
Dila Bragança de Mendonça

PROJETO GRÁFICO DE CAPA
Christiane Costa

PROJETO GRÁFICO DE MIOLO
Diogo Droschi

CAPA
Guilherme Fagundes

DIAGRAMAÇÃO
Ricardo Furtado

Dados Internacionais de Catalogação na Publicação (CIP)
(Câmara Brasileira do Livro, SP, Brasil)

Paiva, Ana Paula Mathias de
  Professor criador : fabricando livros para a sala de aula / Ana Paula Mathias de Paiva. -- 1. ed. -- Belo Horizonte : Autêntica Editora, 2015. -- (Série Conversas com o Professor)

  ISBN 978-85-8217-573-6

  1. Literatura - Estudo e ensino 2. Livros - Fabricação 3. Livros e leitura 4. Professores - Formação 5. Sala de aula - Direção I. Título. II. Série.

15-01035   CDD-370.71

Índices para catálogo sistemático:
1. Livros públicos para a sala de aula : Oficinas de criação :
Professores : Formação : Educação 370.71

Belo Horizonte
Rua Aimorés, 981, 8º andar . Funcionários
30140-071 . Belo Horizonte . MG
Tel.: (55 31) 3214 5700

Televendas: 0800 283 13 22
www.grupoautentica.com.br

São Paulo
Av. Paulista, 2.073, Conjunto Nacional,
Horsa I . 23º andar, Conj. 2301 . Cerqueira
César . 01311-940 . São Paulo . SP
Tel.: (55 11) 3034 4468

Dedico este livro aos meus
filhos, Miguel e Gabriela, e a
todas as crianças que se encantam
diante de livros lúdicos.

9   **NOTA PRÉVIA**

13   **PREFÁCIO**

17   CAPÍTULO I
       O JOGO DO LIVRO VEM MUDANDO

65   CAPÍTULO II
       CONFECÇÃO DE LIVROS PARA A SALA DE AULA: SUGESTÕES PRÁTICAS

165   CAPÍTULO III
       AÇÕES PARALELAS QUE PODEM GERAR BONS RESULTADOS EM OFICINAS DE CONFECÇÃO DE LIVROS ARTESANAIS ESCOLARES

Nota prévia

Este livro valoriza a importância da relação que o professor e os alunos devem manter com a literatura: vivenciando gêneros, situações comunicativas e o fazer literário via projeções materiais dos suportes de leitura. Afinal, também há sentido nas formas e nos formatos dos livros, assim como na estética das suas páginas, na seleção dos elementos gráficos, nas etapas de composição de uma narrativa e nos processos de criação literários parceiros, os quais podem aproximar as pessoas (professores e alunos; leitores e artífices) da obra literária.

Os significados de uma obra literária incluem os espaços onde as ideias se recarregam, se apresentam e até mesmo se reinventam. Os sentidos *existem* no texto verbal e não verbal, na alquimia dessa unidade. Por isso, apresentamos ao leitor uma variedade de métodos de trabalho para confeccionar livros literários acessíveis ao universo escolar e capazes de acionar o papel da brincadeira e dos jogos na motivação leitora, assim como o papel do trabalho parceiro com a diversidade de gêneros e situações comunicativas.

O professor nesta obra terá acesso a um conhecimento prático de produção de livros artesanais; poderá utilizar sua experiência pessoal para incrementar os projetos de confecção de livros aqui apresentados; terá meios de comparar materiais de uso artístico disponíveis na sua escola com os aqui explicitados; poderá ter ideias para incrementar atividades ou trabalhos literários na sala de aula; e será motivado a atuar como mediador do conhecimento literário aplicado a práticas criativas, o que deve, inclusive, valorizar o protagonismo de seus alunos – agora artífices de livros interativos e atraentes à sua faixa etária de leitura.

Figura 1 – Livros artesanais expostos no Alfalendo 2010, em Lagoa Santa, MG. (Foto de Ana Paiva).

Esta obra é dedicada a todas as professoras de Lagoa Santa, MG, do Núcleo de Alfabetização e Letramento, coordenado pela professora emérita da UFMG Magda Becker Soares. Em 2010, por quatro meses, estivemos envolvidas com oficinas de criação, cujo objetivo era a confecção de livros lúdicos para a sala de aula (Projeto Alfalendo, *Viajando em asas de papel*). O resultado foi encantador, surpreendente e inovador, como teremos a chance de compartilhar neste livro editado pela Autêntica Editora, parceira da FAE-UFMG e dos projetos interdisciplinares que motivam educadores de todo o País.

Agradeço às professoras do Núcleo de Lagoa Santa pelas demonstrações de carinho e dedicação para com seus alunos e escola, pelo espírito cooperativo e empenhado, pela sociabilidade agradável, carinhosa e recreativa, como falávamos em nossos encontros. As raízes que vocês criaram são profundas, e os frutos são únicos. Pela criatividade, motivação, parceria e aprendizado adquirido, meu MUITO obrigada. Admiro a constância e a capacidade do grupo de realizar sempre inovadoramente seus objetivos educacionais.

Agradeço a Magda Soares por ter me dado a oportunidade de conhecer o trabalho pioneiro, sério, rico e original do Núcleo de Alfabetização e Letramento, pois afirmo que esse contato com as professoras mudou a minha vida em projeção de trabalho futuro e idealismo na realização de projetos educativos, literários e coletivos.

Agradeço a Aparecida Paiva pela sua força empreendedora, bagagem literária e liberdade nesta nossa amizade-jogo com regras e aventuras. Professora múltipla e de leitura instigante, Aparecida me levou ao convívio com os projetos do Núcleo e à atuação no PNBE (Programa Nacional Biblioteca na Escola - MEC), expandindo meu conhecimento e minha vivência da literatura.

Agradeço também a Ligia Cademartori pela palestra *O professor e a literatura*, no Ceale Debate (UFMG-FAE, jun. 2010), pois nessa ocasião pude observar maravilhada uma narrativa envolvente do começo ao fim, emotiva, vigorosa e inteligente, a qual me convidou a memórias literárias, a *insights* e à aquisição da obra de mesmo nome que faz parte desta coleção.

Agradeço também ao amigo, *designer* e artista gráfico Carlos de Faria pelo apoio técnico em algumas oficinas de Lagoa Santa, em 2010. Sua presença nos motivou e encantou.

Obrigada ao meu marido pelo companheirismo nas leituras, sugestões e incentivos.

Por fim, convido os educadores a uma visitação às exposições do Alfalendo e do Alfaletrando (MG), projetos que o Núcleo divulga e apresenta à comunidade periodicamente, inovando em criações de obras literárias e jogos educativos com a estratégia de motivar professores e alunos, sempre promovendo o letramento prazeroso e a formação literária vivencial-artística.

> Gabriela-flor, esta obra também é dedicada a você
> e às suas leituras de infância.

Prefácio

Uma conversa com os professores sobre este livro e a autora dele

É uma longa e prazerosa história a que me liga a Ana Paula e a este livro. Começou assim: em 2010, guiada por meu grande interesse por livros sobre livros, encantei-me com o então recém-publicado *A aventura do livro experimental*, fascinante história deste objeto cultural, desde suas primeiras formas até às experimentações atuais. Quis logo informações sobre a autora, fui encontrá-las na orelha do livro, e surpreendi-me: Ana Paula cursava doutorado na Faculdade de Educação da UFMG! na "minha" faculdade? residia na "minha" cidade?

Fácil foi então encontrá-la: orientanda de Aparecida Paiva, colega, amiga. Soube da pesquisa que ela vinha desenvolvendo para sua tese de doutorado: um estudo sobre o livro-brinquedo. Convidei-a para uma conversa e... surpresa: apareceu-me uma fada carregando uma grande mala que escondia maravilhas. Dezenas de livros lúdicos: livros *pop-up*, livros de pano, livros com textura, livros sonoros... Como uma fada generosa, Ana Paula ia retirando da mala aquelas maravilhas, mostrando, explicando, entusiasmada e entusiasmando-me.

Como coordenadora de um projeto de alfabetização, letramento e formação de crianças leitoras em um município de Minas Gerais, Lagoa Santa, eu me ressentia da ausência, em nossas bibliotecas infantis, de livros-brinquedo, que tanto encantam as crianças, tanto motivam para a leitura, tanto desenvolvem o prazer da interação com o objeto livro. É que as editoras brasileiras pouco publicam livros-brinquedo: são livros de difícil confecção, exigindo uma verdadeira "engenharia do papel", por isso são em geral de preço alto, pouco acessíveis sobretudo às escolas públicas, pois nem mesmo os programas de incentivo à leitura desenvolvidos pelo poder público têm considerado viável a compra desse tipo de livro.

Assim, diante das maravilhas que Ana Paula ia retirando daquela mala mágica, queixei-me da dificuldade de proporcionar às crianças o acesso àquelas maravilhas, e foi então que ela me disse da possibilidade de livros lúdicos serem produzidos artesanalmente, pelos próprios professores. Isso é possível?! então vamos planejar oficinas para que as professoras de Lagoa Santa aprendam a produzir livros como esses de sua mala mágica!

Assim fizemos. Um belo dia a fada Ana Paula apareceu diante das professoras com sua mala mágica... e foi mostrando, e foi ensinando, orientando como produzir livros lúdicos. As professoras, encantadas. Entusiasmadas. Com a "oficineira" e com o que iam produzindo, não só durante as oficinas, mas também em suas salas de aula, com a colaboração dos alunos, eles também encantados, entusiasmados. Professoras e alunos, na Educação Infantil e nas séries iniciais do Ensino Fundamental, descobrindo a paixão pela autoria, a paixão pelo objeto livro, e a possibilidade e o prazer de serem eles mesmos autores e produtores de belos livros artesanais.

Tudo isso não se encerrou com a última das oficinas: estas resultaram em uma aprendizagem para sempre, em um entusiasmo para sempre, em confecção permanente, desde então, por professoras e crianças, de livros artesanais, que são anualmente apresentados na exposição *Alfalendo*, realizada pelas escolas da rede municipal de ensino de Lagoa Santa.

Muito dos resultados da atuação de Ana Paula junto às professoras de Lagoa Santa são apresentados nesta obra que, além de orientar a confecção de livros artesanais para as salas de aula e as bibliotecas escolares, tem ainda a grande qualidade de envolver o leitor na literatura infantil, nos gêneros de livros infantis, na variedade de formas que livros lúdicos podem assumir, e também de despertar para a importância e significado de bibliotecas infantis nas escolas, de sugerir ricas atividades de formação da criança leitora.

Na "nota prévia" com que inicia este livro, Ana Paula tem a generosidade de dedicar a obra às professoras do Núcleo de Alfabetização e Letramento de Lagoa Santa; agradecidas com essa homenagem, e honradas com nossa presença em várias páginas deste livro, nós é que, por nossa vez, dedicamos a ela cada um dos livros lúdicos que vimos produzindo, pois sentimos, em cada um, a presença da fada mágica que nos ensinou a confeccionar maravilhas para as nossas crianças. Para demonstrar a marca que Ana Paula deixou nessas nossas crianças, termino esta conversa contando um episódio ocorrido recentemente em uma de nossas escolas:

Jornalista de uma organização internacional voltada para a cultura e a educação, visitando escolas de Lagoa Santa para produção de matéria sobre experiências bem-sucedidas de formação de crianças leitoras, perguntou a uma criança que lia na biblioteca infantil de uma das escolas:

— *De que é que você gosta mais, de ler ou de brincar?*

Surpresa, a criança respondeu em tom de que a pergunta não fazia sentido:

— *Mas ler não é brincar?*

Obrigada, Ana Paula.

Magda Soares[1]
abril de 2014

---

[1] Magda Soares é Professora Titular Emérita da Faculdade de Educação da UFMG; autora de artigos e livros na área do ensino de português: alfabetização, letramento, leitura, produção de texto; coordenadora do Núcleo de Alfabetização e Letramento de Lagoa Santa (MG).

Capítulo I

O jogo do livro vem mudando

Tenho certeza de que você, professor, com toda a sua experiência e conhecimento de turma, percebe, ano a ano, variadas abordagens do suporte livro que vêm gradualmente ganhando espaço nas bibliotecas escolares, salas de aula, livrarias, sites, bienais, seleções do Programa Nacional Biblioteca da Escola (PNBE)[1] e discussões editoriais mercadológicas e midiáticas.

Um exemplo do que estamos falando é o livro interativo e lúdico, em seus diversificados formatos, endereçamentos e acoplagem a gêneros literários – tais como prosa, verso e narrativa por imagem –, que tem ganhado espaço no gosto e na seleção dos leitores infantojuvenis. São livros de forte apelo visual, que vêm investindo em boas impressões e acabamentos e que valorizam a unidade de elementos verbo-visuais. Entre esses livros disponíveis ao leitor-criança, iniciante e jovem, muitos são importados, alguns nacionais, a maioria é representativa de uma cultura material e visual global, que valoriza a experiência tátil, sensorial e visual da obra, imersa em narrativas múltiplas.

Mas há também o que é permanente. Ontem, hoje e sempre, a aprendizagem através do jogo supõe movimento – isso num jogo de xadrez, amarelinha, tênis e, igualmente, no jogo de leitura, que é uma forma de exercitar ideias. Todo jogo deve dar espaço à expressão e à liberdade a partir de um conjunto de situações organizadas que

---

[1] O Programa Nacional Biblioteca da Escola, desenvolvido desde 1997, tem o objetivo de promover o acesso à cultura e o incentivo à leitura nos alunos e professores por meio da distribuição gratuita de acervos de obras de literatura, de pesquisa e de referência. De 2006 a 2013 foram 21.120.092 alunos beneficiados.

aproximam conteúdo e necessidades. Os jogadores são os protagonistas de algo em movimento, e o corpo é o instrumento para a ação voluntária que nos envolve nos jogos e nas brincadeiras – inclusive com a literatura.

A apropriação do livro pela criança contribui para o letramento literário. Brincando, a criança pensa o mundo pela linguagem e chega a entendimentos pelo percurso dos seus sentidos.

Figura 2 – Nina, 4 anos, brincando de Menina Maluquinha. (Foto de Lia Ludwig, 2013).

Jogos são geradores de cultura, lidam com normas, regras, códigos, atitudes, etc. São constantes nas civilizações, vinculam participantes, tendem a ser agradáveis quando compartilhados, valorizam habilidades e preparam os participantes para desafios.

Uma série de atividades literárias que você, professor, já colocou em andamento caracterizam jogos – solitários, de espectador e cooperativos. Essas experiências, provavelmente, colocaram em circulação a linguagem e promoveram a atenção dos participantes-alunos, que entraram no sentido da brincadeira, se empenharam e, fazendo parte do jogo – por exemplo, num sarau de poesias com premiações e escalas de pontuação por rima e entonação –, viveram algo recompensador a partir de momentos de leitura mediados pela ludicidade.

Tendo sido expressa essa noção básica de jogo – a qual inclui jogos de leitura –, podemos daqui para frente refletir possibilidades recreativas, táticas, intencionais, coerentes e entretidas de enxergar o potencial que pode existir na diversidade dos gêneros literários e usos da linguagem, diante de tudo aquilo que os livros contemporâneos, no caso infantojuvenis, nos proporcionam.

Figura 3 – Os alunos e suas criações expressivas da Maricota. Entendimento do tema, da personagem e jogo de criação com atividades lúdicas. Núcleo de Alfabetização e Letramento, Alfalendo 2012, MG. (Fotos de Ana Paiva).

O livro na infância não pode ser oferecido como algo sujeito a atitudes mecânicas por parte dos alunos. Até porque uma das funções da literatura é nos preparar para transformações.

Os alunos, por meio de atividades lúdicas e variadas, devem ser incentivados à criação de outros mundos via imaginação. E na duração desses exercícios, observe, criam-se particularidades, as quais devem ser apreciadas sempre que renovarem sentidos em questão.

Proponho que iniciemos uma percepção do que uma criança leitora pode desejar enquanto contato com a linguagem impressa. Observemos a principal força da linguagem, que é comunicar – e não só informar. Reunidos por interesses comuns, vamos nos sensibilizando para aquilo que cria autonomia no pensamento infantojuvenil, a partir do contato com obras que reúnem de modo acessível para cada faixa etária ideias e sentimentos – via textos, imagens, fragrâncias, montagens, formatos, etc. Vamos trocar ideias acerca de atividades literárias que incentivam pensamentos e ações de crianças leitoras e também vamos perceber que o livro não é algo isolado do mundo de cultura e consumo mundial, mas sim um bem cultural e de consumo, que produz representações, consciências e reflete demandas de um século.

Parece que todo um mundo interior vai entrar em movimento.

Espero que a vivência dos fatos aqui narrados nos treine para leituras deliciosas.

No início, uma criança e poucos livros

Você lembra o que você lia quando era criança? Não estou me referindo a algo que tenha conferido rapidamente ou de modo displicente, como quem usa avidamente um controle remoto moderno. Porque nesse ritmo há perda de significado e dispersão. Pergunto o que você lembra de ter lido e que marcou sua infância pelas suas partes constitutivas, pelo visual, pela memorização ou pela mensagem.

Quando eu era criança, até uns seis anos de idade, não me lembro de ter interesse pelos livros que meu irmão mais velho folheava. O gosto dele incluía enciclopédias, como a Barsa e a Abril. Tal rotina parecia entretê-lo, e as coisas percebidas deviam criar belas representações na sua mente. Mas, por mais que eu quisesse imitar meu irmão mais velho, o volume e a parte material-visual dessas edições não me encantavam nem atraíam para a leitura. Até os sete anos de idade – então em 1980 –, eu gostava era de gibis do Mauricio de Sousa e do *Sítio do Pica-Pau Amarelo*, na versão televisiva, pois a boneca Emília, seus ímpetos e suas invenções me fascinavam. Não tinha disponível na minha casa, nessa época, nenhuma história impressa do *Sítio*, mas eu gostava de explorar, pela memória, os sentidos que incorporava da série televisiva e, a partir dessa experiência, eu tentava brincar com os conhecimentos da narrativa, ainda que o tempo de ver TV seja muito diferente do tempo de apreciação de uma leitura impressa. Eu buscava dar corpo aos pensamentos da Emília e desejava sentir toda aquela liberdade com o mundo das ideias, transitando pelo faz de conta. Essas duas produções (gibis e série), portanto, me divertiam, me cativavam e prendiam minha atenção horas a fio. Acho que esses eram os gêneros que provocavam em mim o jogo, a experimentação da linguagem na infância. Contudo, só anos mais tarde associei a Emília a Monteiro Lobato e a Turma da Mônica a Mauricio de Sousa.

Figuras 4 e 5 – Minha boneca favorita nos anos 1980 era a Emília. Ela me acompanhava nas aventuras imaginárias e brincadeiras mais lúdicas. Quanto aos gibis da Turma da Mônica, possivelmente representaram as primeiras leituras autônomas que realizei na infância. (Figura 4: Fotógrafo anônimo. Disponível em: <http://www.fredcunhanews.com/2015/02/brinquedo-dos-anos-70-bonecas.html>. Figura 5: Disponível em: <http://arquivosturmadamonica.blogspot.com.br/2013/07/monica-30-anos.html>).

Minhas referências de contato direto com livros eram, portanto, escassas até os seis/sete anos, e não tenho recordações de ter mais do que cinco livros infantis em casa. Lembro-me de *Pinóquio, Branca de Neve, Rapunzel, Os três porquinhos* e de *O gato de botas*. Não conhecia biblioteca escolar no meu espaço de ensino-aprendizagem, e ganhar livros de presente, na infância, era raríssimo. Mas, um dia, brincando de fuçar no fundo dos armários... uma sensação nova surgiu depois de encontrar alguns livros que não ficavam no nosso baú infantil de leitura. Subindo num banquinho e tendo alcance a uma prateleira mais alta, achei uns livrinhos que desejei folhear. Queria tocar, apreciar, muito mais do que apenas ler palavras. Lembro-me que toda uma curiosidade veio à tona quando encontrei dois livros na minha casa: a Coleção Para Gostar de Ler (volume 6 – *Poesias*), que trazia Cecília Meireles, Henriqueta Lisboa, Mário Quintana e Vinícius de Moraes, e a obra *Para viver um grande amor*, de Vinícius de Moraes. Sentei no chão e comecei a tentar decifrar aqueles objetos. Ou seja, comecei uma relação. Depois de ler "A bailarina", de Cecília Meireles, e outras poesias contidas nessas obras, minha relação com o desejo de leitura mudaria para sempre. A poesia me arrebatou.

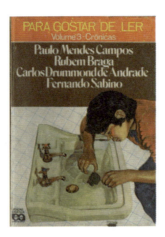 

Figuras 6 e 7 – Em foco, a Coleção Para gostar de ler (v. 3 - Crônicas), Editora Ática; e a obra *Para viver um grande amor* (1962), do poetinha. Considero esta Coleção (lançada nos anos 1970), em especial o volume 6 - Poesias, e esta obra de Vinícius de Moraes as responsáveis pelo meu amor inicial aos livros e gosto pela leitura. <https://tresnortes.wordpress.com/2011/02/16/10-livros-que-marcaram-minha--vida/>. (Foto de Ana Paiva, arquivo pessoal).

O cenário de oferta de livros mudou

Hoje em dia nós, professores, sentimos e presenciamos que a oferta de títulos para literatura infantil e juvenil mudou significativamente. Vem se multiplicando e vem crescendo igualmente a estratégia de investir em experiências com a linguagem e os sentidos, inclusive para crianças de até 36 meses.

Olhamos os livros e vemos tanta novidade! Mas a cultura faz parte de todo um modo de vida/viver. As reformas nascem de processos. Por isso, os livros do século XXI são o resultado de uma liberdade conquistada e de longas construções do saber humano.

Nos acostumamos a achar comum o desejo de uma criança por brinquedos; mas e quando o desejo vai para os livros, brincantes, que lotam as seções infantis de livrarias contemporâneas? O livro é um bem cultural, e negar um brinquedo para uma criança nunca foi tarefa fácil, sabemos. Ou seja, negar livros e brinquedos a uma criança parece ser antinatural. Então, os produtores de livros, ao longo dos tempos, foram também aprendendo a reformular seus apelos – e isso vem acontecendo desde o século XIX[2] – para um público novo de leitores e mediadores, sem pretender afastar leitura infantojuvenil de contato lúdico e brincante.

Figuras 8 e 9 – Livro de pano comercial, de Lynette Rudman, que forma o cenário de uma teia. As peças em velcro mudam de lugar na interação. Edição Les Doigts qui Rêvent. Disponível em: <http://ldqr.org/boutiqueLDQR/article.php?cat=24>. Livro-folder artesanal *Dolores dolorida*, realizado pela Escola Municipal Herculano Liberato de Almeida, Alfalendo 2011. (Foto de Ana Paiva).

Até os materiais de que são feitos os livros infantojuvenis mudaram bastante do século XIX para cá. Tecido, plásticos atóxicos, EVA, papéis mais resistentes e em acabamento lavável, acoplagens sonoras e outros recursos começaram a surgir como opção de suporte de leitura. Afinal, não são somente os adultos que interessam agora ao mercado editorial; um amplo catálogo de livros para crianças se expande significativamente mundo afora, ano a ano. E à medida que os homens inventam funções para os seus objetos materiais, um *mapa invisível* também se inscreve no tempo, definindo caminhos por onde as ideias circulam na sociedade.

Presenciaremos muitas crianças com *tablets* e iPhones na mão. O *e-book* também se fará notar com mais força em breve, porque aos poucos

---

[2] No século XIX há uma demanda por entretenimento nas edições impressas, tanto que são publicados almanaques, guias práticos e recreativos. Alguns editores pioneiros resolvem investir em livros interativos e começam a se voltar para um público juvenil e infantil – como Robert Sayer no século XVIII e, no século XIX, Ernest Nister, Thomas Dean e os Fuller. O objetivo é encantar o leitor.

vem ganhando mercado. A preocupação que nos atinge é fundamentalmente como isso afeta nossas percepções, gostos, jogos de brincar?

Muitos são os desafios que nos interpelam na sala de aula e, na rotina de percepção visual, ação e descoberta do ao redor, as crianças estão, progressivamente, diante de novas tendências que atravessam o mercado de consumo – inclusive editorial – e a vida. Professores de creche e pré-escola, assim como os que estão em contato com alunos dos anos iniciais do Ensino Fundamental, percebem grandes movimentos na literatura contemporânea, recentes engrenagens e resultados – sobretudo visuais – muito particulares, os quais estão atraindo os olhares dos pequenos quando o assunto é livro. Nesses momentos, observar e aprender é necessário.

Figuras 10 e 11 – Obra interativa *Aperte aqui*, de Hervé Tullet. São Paulo: Ática, 2011. Categoria 3-5 anos. As novas gerações vivem o forte apelo da interação por dígitos, e o livro de Hervé brinca com esse sentido. Motivado pela visualidade, o leitor sente curiosidade pelos desafios do texto e, assim, cada página se transforma de modo dinâmico, como se o orquestrador das mudanças fosse o leitor-criança. (Fotos de Ana Paiva).

À disposição, encaramos algo bem diferente do que vivenciamos nos anos 1980, por exemplo – período em que eu era criança. Pode ser na porta de algumas escolas, empilhados de improviso em carros ambulantes, ou nas gôndolas de grandes livrarias, ou em estandes de bienais do livro, lá estão eles, representando um segmento grande, infantojuvenil, que rouba a cena com edições chamativas, *pop-up*,[3] performáticas, atrativas em formato, apelo de brinquedo, acabamentos gráfico tátil, produções variadas em animação, ora sonoras, ora (des)montáveis, ora fragrantes e estrategicamente interativas.

---

[3] *Pop-up* são edições com dobraduras que saltam aos olhos, quando as páginas são abertas ao leitor.

Uma cena: Paola Piske, mãe de Davi, de 2 anos, fica só olhando e à espera do que o filho vai trazer das prateleiras. Até que ele encontra um livro que mais parece um brinquedo. Trata-se de *Brincando com a joaninha*, da Editora Salamandra, um dos 30 Melhores Livros Infantis do Ano, segundo a lista da Revista Crescer (2010). Davi fica entretido, como as outras crianças que estiveram ali com ele na primeira versão da "Biblioteca para Bebês", iniciativa que a Fundação Nacional do Livro Infantil e Juvenil (FNLIJ) preparou em seu 12º Salão do Livro (2010), que aconteceu no Rio de Janeiro.

A ação da FNLIJ, registrada pela *Revista Crescer*, aconteceu justamente para mostrar que bebês têm sim a possibilidade de estar agradavelmente rodeados por livros. E não só isso: eles podem pegar, apertar, morder, experimentar, devolver, olhar, abrir e fechar; agindo como tateadores vão aprendendo o caminho da leitura. Não se deve temer que o objeto vai estragar na mão da criança: o importante é que o livro, algumas vezes chamado inclusive de livro-brinquedo, faça parte das primeiras descobertas do bebê (VAZ, 2011).[4] Afinal, a convivência muda o contato.

Figuras 12 e 13 – Leitura de *Brincando com a joaninha* (Kenny Rettore. Ed. Salamandra). 12º Salão do Livro, Rio de Janeiro, 2010. Muitos livros contemporâneos se valem de apelos que as crianças adoram. Mas o objeto é um livro ou um brinquedo? E se é um brinquedo, adianta ler? (Fotógrafo anônimo).

---

[4] Disponível em: <http://revistacrescer.globo.com/Revista/Crescer/0,,EMI149565-17926,00.html>. Acesso em: 3 nov. 2011. Matéria de Cristiane Rogerio Vaz, editora de Educação e Cultura da *Revista Crescer*.

Em 2004 a Associação de Profissionais de Educação de Infância, contando com a colaboração dos municípios portugueses, criou o projeto "O meu brinquedo é um livro". A intenção era que cada bebê nascido em Portugal recebesse um *kit* convidativo e lúdico, com um livro infantil, um travesseiro ilustrado e um guia *Por que ler ao meu bebê?* A edição desse guia vem com pontuais conselhos, em tópicos, para desenvolver o gosto dos pequenos pela leitura – por exemplo, "Quando começar a ler para os bebês?; "Este livro, este guia e este brinquedo".

Figura 14 – Projeto "O meu brinquedo é um livro". Primeiro livro editado de Antonio Mota: *O sonho de Mariana*. Portugal: Edições Gailivro, 2004. (Foto de Ana Paiva, 2015)

Alguns dos principais questionamentos do guia de "O meu brinquedo é um livro" incluíam: – Os bebês podem aprender a ler? Como resposta, professores diziam: "O meu brinquedo é um livro" respondiam: – Não, nunca. Nunca se viu nenhum bebê a ler. (Pelo menos não como nós, adultos.) – O mais importante é que pelo projeto este conjunto possa contribuir para o gosto da leitura e apreço pelos livros. O diálogo vai avançando à medida que as questões se colocam: – Então, se os bebês não podem aprender a ler, por que razão devemos dar livros aos bebês e ler para eles? E o kit lança reflexões: – Porque ler não é fácil, e para aprender uma tarefa complexa, é preciso ter vontade de aprender e praticar muito. – Devemos dar aos bebês livros que instiguem sua curiosidade, o manejo e o desejo de saber o que dizem os livros (APEI, 2004).[5]

---

[5] Por que ler ao meu bebê? Guia da Associação de Profissionais de Educação de Infância (APEI). Portugal: Edições Gailivro, 2004. Disponível em: <http://omb.no.sapo.pt/documentos/guia--texto.pdf>. Acesso em: 3 ago. 2011.

Figura 15 – Livro de banho para bebês. Miguel, 7 meses. (Foto de Ana Paiva, 2015).

Figura 16 – Livro-cenário *La fantástica historia del Ratoncito Pérez*, de Xavier Salomó (Beascoa, 2010): apelos visuais e interativos que encantam o leitor-criança. (Foto de Ana Paiva).

Para o público juvenil igualmente as leituras lúdicas podem gerar abertura influente para uma reflexão vivencial de funções da linguagem. Provocando os sentidos, as sensações e a imaginação, os livros ditos de *nova geração*, que investem fortemente no conjunto visual e material, têm potencial para servir a várias atividades literárias e ao fomento pelo gosto espontâneo de ler.

Figura 17 – A obra *Vai embora grande monstro verde*, de Edward R. Emberley (Brinque-Book, 2009) cria, de modo original, a fisionomia de um monstro pelo folhear.

Figura 18 – Obras lúdicas e de forte apelo visual (*Eu não quero dormir agora*, Ática; *Brinque Comigo*, Ed. Caramelo; *A história das coisas*, Companhia das Letrinhas). (Foto de Ana Paiva).

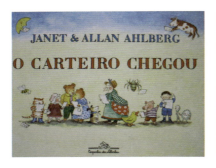 

Figura 19 – *O carteiro chegou*, de Allan Ahlberg (Companhia das Letrinhas, 2007), conta com texto, ilustrações e suplementos lúdicos.

No zoológico criado pelo autor Jesús Gabán, por exemplo – a obra se chama *Zoo* (Editora Projeto, 2012) –, quantas são as possibilidades de trabalho com o livro!

"É história de quê?", pergunta a criança; Cadê o conflito? O livro não traz um enredo explícito. Na duração da leitura é que surgem desafios e o leitor é convidado, nessa celebração, a fazer perguntas: "O que um rinoceronte tão pesado e uma borboleta tão leve têm em comum?", "Por que o rinoceronte está num espaço onde, ao fundo, se observam estradas, uma fortaleza, um vulcão?", "O que poderia aproximar um besouro e um caranguejo?". A leitura do livro desafia o leitor a fazer perguntas, cujas respostas não são dadas plenamente pelas imagens, reiterando uma peculiaridade da literatura que é a polissemia. Ou seja, ler esse título convida o leitor a construir múltiplos percursos de significação e, consequentemente, diferentes histórias, pois, dependendo da resposta dada às perguntas que faz, surgem possibilidades distintas de significação (RAMOS, 2014, p. 39).[6]

Descobrir os interesses dos leitores infantojuvenis é um ótimo caminho para a mediação de leitura. Tanto os pais quanto as equipes escolares precisam se envolver com as demandas. Devemos estar mais em busca do que é significativo na literatura do que preocupados com o que é clássico ou convencionalmente tido como ideal para crianças e jovens leitores.

Desafios que batem à nossa porta

Figura 20 – Escola em Lagoa Santa, MG, rede municipal. (Foto de Daniela Montuani).

No Brasil, nos cantinhos de leitura há indícios ainda tímidos desta vocação do livro infantil: permitir o ler brincando. É possível vivenciar a imagem de crianças no chão ou em mesas, ativamente manuseando livros e se divertindo com os sentidos das obras, mas não é (ainda) uma imagem corriqueira. Nas brinquedotecas do País, ainda escassas, e nas bibliotecas escolares, públicas e privadas, começa lentamente a ganhar adesão tanto a classificação livros-brinquedo quanto a de

---

[6] RAMOS, Flávia Brocchetto Ramos. A literatura me alcança pelas imagens que a constituem: reflexões epistolares. In: Guia do MEC 2014, volume 2, Guia dos anos iniciais do Ensino Fundamental, no prelo. Obra que contempla o acervo do PNBE 2014.

livros interativos – alguns selecionados e premiados, inclusive, como gênero literário, pela FNLIJ (Fundação Nacional do Livro Infantil e Juvenil). Isso indica que livros considerados de transição – inovadores em sua estrutura – ainda são vistos e recebidos com cautela.

No entanto, na sociedade humana há movimentos que são fortes, como os culturais. Conhecimentos e tendências circulantes acabam alcançando as pessoas e seus ambientes – e a escola não fica isenta de influências. Por isso, também vale observar, ainda que isso não seja a regra em nosso país, os exemplos notáveis que vêm ganhando expressão e adesão em algumas escolas que investem em ambientação lúdica de bibliotecas infantojuvenis e em espaços de leitura na sala de aula cada vez mais convidativos.

Algumas escolas estão percebendo, entre tantas mudanças e transições, que a literatura bebe na fonte de suas heranças, mas nem por isso se determina somente pelo passado ou só pelo presente. Os espaços de leitura podem absorver mixagens que criem maior disposição das crianças aos livros, sem prejuízo ao aprendizado. O lúdico não remete ao sentimento de dispersão.

Figura 21 – Exercícios de ambientação levados a cabo pelo Núcleo de Alfabetização e Letramento de Lagoa Santa, Minas Gerais (2013). Coordenação: Magda Becker Soares. (Foto de Daniela Montuani).

É interessante pensarmos o que pode ser feito com poucos recursos, a fim de que um espaço de leitura seja planejado para abrigar jovens leitores e seus interesses múltiplos por formas visuais e textuais de escrita e impressão. É muito importante disponibilizar os livros de acervo em espaços de boa luminosidade, confortáveis – para a leitura em mesas ou no chão, sobre almofadas, EVA ou tapetes. Além disso, a exibição e disposição das obras deve chamar a atenção e permitir o acesso livre dos leitores infantojuvenis ao manuseio, seleção e leitura das obras.

Mas frequentemente os pais e professores, diante de tantas ofertas editoriais, sobretudo confrontados com as obras endereçadas a crianças de 0 a 3 e 4 a 5 anos, se perguntam: E se acontecer, para o bebê ou o jovem leitor, de o livro se parecer com o brinquedo, e o brinquedo se assemelhar ao livro? Essa afinidade é preocupante? Como a biblioteca escolar pode abrigar tantos livros de tantos formatos diferentes, em proporções que sequer cabem na organização padrão das estantes? As funções do livro infantojuvenil se depreciam quando ele serve à brincadeira de leitura ou quando é a princípio manuseado/explorado como um brinquedo e só depois lido no esquema começo, meio e fim? Livros interativos são mais mecânicos e menos reflexivos? Para que essas perguntas encontrem respostas, são necessárias observações, muitas leituras e quebras de preconceito.

A literatura está nas artes, nos livros, nos bens de consumo, nas mercadorias, nos bens culturais, nas relações, nas situações, nas vivências. A escola muitas vezes será essa *caixa de ressonância* da sociedade e o local onde os sujeitos e suas escolhas não devem ser depreciados.

Lendo mais livros, diversificando as suas leituras e a partir de uma biblioteca pessoal, o professor tem instrumentos e mais segurança para transitar entre os acervos de livros. E possivelmente, terá mais chances de consolidar a alfabetização de seus alunos ou aprendizagens mais avançadas sem colocar em detrimento o letramento ou o desenvolvimento literário das crianças que acompanha.

Figura 22 – Biblioteca Municipal Herculano Liberato – Lagoa Santa (MG). O espaço permite o contato com jogos e livros, a leitura e a brincadeira com formas, escritas e lógicas de sentido. (Foto de Daniela Montuani).

Os leitores de outra geração não tiveram os mesmos acessos e necessidades que os leitores contemporâneos têm. Leitores do século XXI, incluindo crianças, circulam entre infinidades de situações comunicativas renovadas e valorizam não só novidades como apelos gráficos que afetam sua imaginação, interatividade e ação óculo-manual.

Nos dias de hoje, é necessário afirmar que o livro também faz sentido como objeto – cultural e de consumo –, além de fazer sentido como discurso, o que não desmerece uma obra literária de qualidade. Capa, papel de impressão, diagramação dos elementos, estudo de cores e formatos, seleção de temas, contextualização via cenários, adaptação ao público-alvo, algumas vezes acabamentos táteis especiais, tudo compõe a obra e sua estrutura narrativa. O livro ganha expressividade em sua riqueza de arranjos e elementos.

O livro é um bem cultural em transição permanente, desde que foi inventado; ele acompanha as descobertas e as revoluções do pensamento humano; não é inerte a mudanças.

Naturalmente, o gosto humano para a leitura também não é cristalizado. Percebemos entre os alunos gostos heterogêneos, assim como bagagens de vida diferenciadas. Concomitantemente, quanto mais passivo um conjunto de alunos, tanto mais redundantes seus gostos se mostram em geral. Então, nos sensibilizamos para algo fundador: a motivação é importantíssima para que o leitor exerça sua participação no texto – seleção, interpretação, apropriação.

Figura 23 – Gabriela, de 7 anos, elege um conjunto de livros para lhe fazer companhia. (Foto de Ana Paiva, arquivo pessoal).

O mediador de leitura continua sendo figura central

Os pais (em casa) e os professores (na sala de aula) são as figuras principais para fazer a aproximação entre uma constelação de obras existentes – textos em verso, em prosa, em narrativa de palavra-chave, em história em quadrinhos, etc. – e seus filhos ou alunos. A mediação de leitura é vital para a apresentação de algumas obras, compreensão de estilos de ritmo de leitura, percepção do uso da linguagem na entonação das obras, conhecimento de versões narrativas e fatos acoplados à leitura principal da obra e seu tema.

Seja diante de obras conhecidas – tais como clássicos ou livros cotidianos ao nosso espaço de leitura –, seja diante da surpresa de contato com obras novas, os mediadores não devem se acanhar diante das experiências com os gêneros literários disponíveis no mercado de livros. Pouco a pouco, a convivência com as obras cria registro, memória e prática, desenvoltura e gosto leitor, o que pode ser repassado às crianças.

Figura 24 – O mediador de leitura é figura de fundamental importância.[7]
Ele apresenta ao público infantojuvenil não só a obra, mas caminhos de construção de sentido e, assim, é um agente e parceiro que contribui muito para a constituição do gosto leitor. (Foto de Daniela Montuani).

Uma professora pode, por exemplo, trabalhar com parlendas na aprendizagem escolar, com o intuito de auxiliar seus alunos nos primeiros contatos com as letras e sonoridades, haja vista que a composição da parlenda acalenta, distrai, incentiva a memorização e permite

---

[7] Hora da leitura, com mediação do professor. Rede municipal de escolas de Lagoa Santa (MG). Apoio pedagógico: Núcleo de Alfabetização e Letramento.

um domínio lúdico da criança pela oralidade e identificação com os temas. Mas, na mesma ocasião, se numa visita à biblioteca escolar as crianças escolherem livros interativos, livros de narrativa por imagem e livros-brinquedo, que isso não configure um problema. As características próprias desses livros, incluindo tema, formato, estilo de linguagem e contexto, podem ser uma opção, por exemplo, à aprendizagem lúdica e motivacional de crianças que cada vez entram mais cedo na escola. Ademais, o prazer estético de uma escolha realizada pelo aluno não deve ser discriminado.

Enfim, se as mudanças fundamentais na sociedade e nas tecnologias de produção afetam num contexto histórico a estrutura do livro – e as formas de escrita e de acessibilidade aos textos –, desafiando editores e o leitor, haja vista os usos sociais da escrita (por exemplo, o hipertexto), ler pode envolver uma mudança de concepção de linguagem, ainda que continue a ser um processo dinâmico, incorporado à vida e às demandas de circulação social.

Assim como no passado, o livro, enquanto forma de registro e expressão do pensamento humano, acompanhou evoluções de contexto histórico, social, econômico, cultural e/ou tecnológico (um exemplo é a transição *volumen*/códex); hoje vivemos diante de novas *passagens*, as quais englobam suas próprias demandas, repertórios, sintaxes editoriais e, ao que parece, uma ênfase à noção tanto de diversidade de gêneros quanto de meios de comunicação. Na era da informação, negar as transformações não ajudará pais, professores, alunos ou leitores. Nosso passaporte para as leituras contemporâneas inclui a coragem para viajar situações comunicativas, gêneros novos ou aprimorados, adaptações de clássicos, versões editoriais mais performáticas para crianças e jovens, e uma gama de escritas impressas e virtuais que, em suas estratégias interativas, acompanham tendências do século XXI.[8]

Atividades literárias com gêneros

Não é pelo fato de um professor ter costume de mediar (a leitura de) poesias que ele não conseguirá trabalhar com livros de narrativa por imagem, por exemplo. O mais importante é a criação de

---

[8] Uma das tendências é, por exemplo, a produção multimeios, que inclui na estrutura dos livros infantojuvenis apelos textuais, visuais, táteis, sonoros e às vezes até olfativos.

oportunidades para que o aluno seja motivado e sinta prazer em ouvir/ler histórias por meio da voz do professor, da sua própria voz, da voz dos colegas de turma e, ainda, dos autores – caso a obra esteja disponível em CD ou num vídeo na internet. A leitura oral tem de ser estimulada desde os primeiros anos de contato da criança com o livro, assim como o manuseio.

É inegável o vínculo entre literatura infantil e educação, conforme nos relembra Ligia Cademartori.[9] Mas o livro não carrega sobre os ombros a função de educar a criança para uma leitura só de interesse imediato, ou pedagógico, e os atuais livros lúdicos e interativos deste século não existem para apenas subsidiar a educação formal.

Acreditamos que para todo livro existe um porquê. Nós, seres humanos, fabricamos ferramentas com um propósito. Livros não têm de ser somente utilitários. O livro também existe para cumprir um propósito cultural.

No entanto, assim como sozinhas as ferramentas não fazem nada, amontoados, isolados ou pouco acessíveis, os livros também pouco podem influenciar. Nós fazemos coisas com os objetos que criamos e inventamos, e com os que compartilhamos. Além do mais, só o suporte não serve para definir um livro nem as atividades que o professor vai desenvolver com ele. Por exemplo, um livro de imagem pode manter intertextualidade com um clássico da literatura.

O professor reconhece que o livro não é igual ao material de que ele é formado (formato, suporte, substratos, acabamentos). Um livro moderníssimo em impressão gráfica, por exemplo sobre a natureza, inclusive com fragrâncias acopladas à impressão, pode ser escrito em versos e permitir um campo de trabalho afim àquele que desenvolvemos diante de livros tradicionais de tal gênero. O mais significativo a perceber num livro é se forma e ideia têm unidade, e se o livro serve para exercitar a imaginação do leitor-criança e do jovem leitor fora de imediatos e de obviedades – função da literatura. Sem conteúdo, um livro de prosa, de parlendas, de trava-línguas, de contos de fada, um livro de imagem ou um livro-brinquedo sempre será vazio de sentidos, de brincadeiras, desinteressante. Porque, conforme nos mostra a prática, "a literatura não é apenas uma moldura onde colocamos a linguagem" (CULLER, 1999).[10]

---

[9] CADEMARTORI, Ligia. *O que é literatura infantil*. São Paulo: Brasiliense, 2010. p. 8.

[10] CULLER, Jonathan. *Teoria literária: uma introdução*. São Paulo: Beca Produções, 1999.

Podemos até pensar, no trabalho literário com crianças, que o livro tem condições de ser também semelhante a um brinquedo, que põe ideias a girar. O livro deve sempre ser recebido com alegria. A relação com o prazer pode ser validada, e não combatida, assim como os convites ao manuseio direto e à ação. Confeccionando livros para a sala de aula, estimulamos o "faça você mesmo" e a aventura pelo conhecimento. Lendo juntos, podemos motivar a escuta dos sons, dos ritmos e das formas das palavras, a absorção da sintaxe da linguagem, assim como a estética visual dos leitores. Realizar algo junto com a turma e com prazer transforma a recepção dos alunos perante os livros.

Figura 25 – Era uma vez... pode começar de diversas maneiras, pela motivação de diversificados suportes de leitura. Professora Eloisa Mathias, trabalho pedagógico com a história dos Três Porquinhos (2008). (Foto de Ana Paiva)

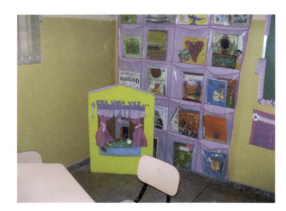

Figura 26 – Em destaque, livros no espaço de leitura, sala de aula da rede municipal de ensino de Lagoa Santa, MG. (Foto de Daniela Montuani).

Um cenário para os três porquinhos pode manter interessados corpo e mente dos alunos. Um portal feito de EVA e isopor ou papelão pode também incentivar competências e habilidades das crianças na hora da contação de histórias. Um cenário lúdico pode ajudar a criar o empenho livre e o prazer criativo de contato com os livros, seus personagens e suas ações. Convide seus alunos à visitação do encantamento.

Os professores, uma vez tendo se aproximado de um conjunto de obras e diante de uma seleção planejada, no trabalho de mediação de leitura, podem criar um memorial de registros com os alunos, rodas de leitura interativas, assim como fomentar o resgate oral de experiência das crianças, valorizando o repertório da classe, incentivando a feitura de desenhos sobre as obras lidas, observando as principais escolhas livres dos alunos na hora de selecionar livros literários, entre outras atividades. Concomitantemente, num trabalho preparatório de ambiente, o professor pode colar cópias coloridas de capas e miolos dos livros pela sala, instigando comentários e a lembrança dos alunos acerca das passagens ilustradas.

Figura 27 – Eva Furnari. *A bruxinha atrapalhada* (Ed. Global, 21. ed.). (Foto de Ana Paiva).

Outras sugestões de atividade literária, a seguir descritas, podem ajudar o professor a perceber que livros tradicionais e livros contemporâneos permitem muitos exercícios profícuos e estimulantes, a partir de suas estruturas funcionais:

> Recomendável para todo e qualquer trabalho com a literatura, a exploração da capa do livro é uma etapa fundamental, por ser ela a porta de entrada para a interação literária que se propõe. [...] Depois desse trabalho inicial com perguntas – tais como "Que história o livro vai contar? – que mobilizem as crianças para os elementos que aparecem na capa, para levantar hipóteses sobre o que será encontrado no interior do livro, títulos e pequenos textos poderão ser lidos na mediação, confirmando ou não algumas das previsões feitas pelas crianças com base nas ilustrações. Passa-se, então, da etapa de exploração externa do objeto livro à história propriamente dita que ele traz em seu miolo. [...] A contação da história, preparada previamente, deve explorar aquilo que a linguagem poética apresenta com mais realce. Por isso, é bom reforçar, cada livro oferece uma perspectiva de abordagem. [...] A exploração temática, articulada com a exploração da linguagem, pode também levar à criação de outras cenas e ações envolvendo os personagens, a partir de conhecimentos que as crianças têm sobre o tema ou comportamentos. [...] Ao contar a história, deve-se mostrar as imagens para os alunos, sem que se comprometa o fluxo da narrativa. Se as crianças tiverem a oportunidade de manusear o livro antes da atividade de leitura, as relações entre texto e imagens que serão mostrados durante a leitura podem ser estabelecidas mais satisfatoriamente pelos ouvintes. Torna-se também importante que, após a leitura, o livro circule livremente entre os alunos (VERSIANI, 2014, p. 22-23).[11]

---

[11] VERSIANI, M. Zélia. Na educação infantil, versos que contam histórias. In: *Literatura fora da caixa*, Guia do MEC 2014, volume 1, Guia de Educação Infantil. Obra que contempla o acervo do PNBE 2014.

Figura 28 – Crie uma seleção de obras na sua escola. (Foto de Ana Paiva. Acervo pessoal de livros).

Na duração dos encontros, o professor mediador deve valorizar a inflexão de voz, os ritmos expressivos da narrativa, os cenários de contextualização da história, as sequências lógicas, os conflitos e as resoluções que caracterizam a abordagem da obra. As atividades devem ser desenvolvidas de modo a produzir o envolvimento das crianças com a história e sua materialidade – visual, sonora, tátil, olfativa, dimensional, etc. dependendo da obra. O professor também deve ressaltar na leitura o quanto a linguagem textual e a linguagem visual se pertencem no processo de configuração/produção de sentidos.

Os leitores iniciantes e os bebês apreciam jogos de intensidade visuais assim como possibilidades táteis nos livros. Ludicamente, tais obras podem levar ao conhecimento de ideias e a sensações. Por isso, sempre que for possível, oportunize a ação das crianças na hora da contação de histórias, de modo que os pequenos se tornem sujeitos de suas brincadeiras. Além disso, dê acesso aos materiais, às histórias, aos recursos e às situações comunicativas que os suportes gráficos apresentam.

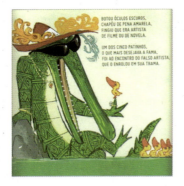 

Figura 29 – *Sete patinhos na lagoa*, obra de Caio Riter (Ed. Biruta, 2012). (Narrativa em versos ricamente ilustrada por Laurent Cardon).

As quadrinhas em verso desta obra propiciam uma leitura ritmada pelo mediador, favorecendo a utilização de recursos de dramatização como a modulação da voz conforme sugere a situação de tensão em cada episódio da narrativa. Elementos da composição das imagens também podem ser fatores de ampliação do suspense em algumas passagens, o que enriquece a leitura e a mediação.

O valor de aproximar leitores e livros

De forma acessível e antenada nas discussões escolares, o jornal *Letra A* (2007),[12] enquanto espaço de interlocução com os professores, cita um trecho dos Parâmetros Curriculares Nacionais (PCN) na matéria "Escrever para se aproximar do outro", na edição que tematiza os gêneros do discurso: "[...] cabe à escola viabilizar o acesso do aluno ao universo dos textos que circulam socialmente, ensinar a produzi-los e a interpretá-los". Nesse texto, importante para o entendimento da mediação de leitura, ainda não se fala em uma competência discursiva infantil, para saber produzir um texto adequado a uma situação de comunicação, mas sim trata-se de aproximações interessadas pela linguagem.

Cancionila Cardoso, doutora em Educação e pesquisadora da Universidade Federal de Mato Grosso, chama igualmente a atenção para o valor da prática de leitura em sala de aula e ressalta a falta de

---

[12] *Letra A*, Jornal do Alfabetizador. Ceale/UFMG. Belo Horizonte, maio/jun. 2007, ano 3, n. 10, p. 6–7.

entendimento da noção de texto, comentando que o trabalho com os discursos deve acontecer desde as primeiras escritas da alfabetização. "Há pouco tempo, ainda se acreditava que as séries iniciais da escolarização da criança eram 'instrumentais'. A criança iria primeiro aprender a ler e a escrever e depois produzir *alguma coisa verdadeira* [...], enquanto que isto deve ocorrer concomitantemente." (CARDOSO, 2007, p. 6).[13] Mas hoje sentimos que as crianças leitoras podem muito mais! A leitura não se limita à compreensão das palavras do texto.

Desde cedo deve ser estimulada uma aproximação natural aos textos – em casa, na escola, na vida. Os professores podem investir numa variedade de gêneros do discurso, pois, assim como as atividades mentais humanas, as crianças gostam de diversidade. E por que não se apropriar de livros desafiadores, ricos em ação interlocutória? Livros que possam propiciar aos leitores um certo protagonismo da leitura, gradativo, via situações reais de interação, convite à imaginação, às habilidades motoras e a competências textuais iniciais bem como via a descoberta lúdica por indícios de orientação – determinação e indeterminação, certeza e dúvida, acesso a compreensões enxergadas no livro (impressas) e consciências para além do visto (sentidas, intuídas).

Figura 30 – Contação de histórias por Edna Maria, da obra *Não é uma caixa*, de Antoinette Portis (Cosac Naify, 2013). A seleção de um livro envolve um processo, que considera, por exemplo, a observação de sua proposta ficcional e jogos de significação. É válido mediar a literatura que interessa aos pequenos leitores e que os leva à participação de possibilidades de composição de outros mundos, imaginários. (Foto de Ana Paiva).

---

[13] CARDOSO, Cancionila. Escrever para se aproximar do outro. *Jornal Letra A*, maio/jun. 2007, ano 3, n. 10. Ceale/UFMG.

Talvez o alcance e a promoção a escritas e a textos variados sejam excepcionalmente formadores e úteis, sobretudo para alunos cujo histórico inclui famílias não compradoras de livros, ou analfabetos absolutos e funcionais. Afinal de contas, como saber o que motiva os leitores, suas constelações de interesse tão variadas? Além disso, para que qualquer produção de texto aconteça, "[...] é fundamental que o locutor tenha o que dizer; tenha motivos para dizê-lo; tenha a quem dizer (interlocutor); se constitua como sujeito que diz o que tem a dizer a quem deve ser dito; e escolha as estratégias para executar essa ação" (GERALDI, 2007, p. 7).[14]

O autor Gabriel Zaid (2004, p. 100) complementa esta noção, na obra *Livros demais!*, ao afirmar que, diante de uma profusão de textos, "[...] o conteúdo pode ser até idêntico [no caso de um clássico, por exemplo], mas a experiência visual, tátil e até mesmo olfativa pode fazer muita diferença para o leitor", que elege um livro para folhear e ler. O livro, enfim, tem como se potencializar como realidade intermidiática e, no caso da literatura infantojuvenil, como suporte para o saber e o brincar, editando textos em prosa, poéticas visuais, manipulações táteis, jogos sonoros, brincadeiras olfativas, etc.

O que é inaceitável é um livro denominado literário não ter uma construção de linguagem literária e não investir numa proposta ficcional. O leitor-criança não quer ser condicionado, mas, antes, quer ser ator, protagonista, deseja ter compreensão ativa dos significados da leitura. Isso é muito nítido na Educação Infantil, onde as crianças, mesmo as que ainda não leem, brincam de realizar sua leitura real ou inventada enquanto manuseiam livremente as obras.

Alguns professores comentam que certas crianças enxergam um objeto atrativo (livro) e tentam um contato. Mas alguns conteúdos são ruins nessas obras de forte apelo visual, e a obra pode ser sem consistência na sua produção de sentido. E aí? O que fazer? Trocar o livro que está na mão da criança? Bem, a criança ainda não sabe, quando bem pequena, se o livro é arte, mercadoria, literatura. Ela deseja a obra momentaneamente. E experimentar faz parte de um percurso muito importante na formação de opinião. Nesses casos,

---

[14] GERALDI, Wanderley. *Letra A*, Jornal do Alfabetizador. Belo Horizonte, maio/jun. 2007, p. 100.

cabe ao professor demonstrar à criança que há um acervo de obras que dão acesso a uma *caixa de brincadeiras* imaginárias, literárias, lúdicas. A própria comparação ou variedade pode servir para expandir o conhecimento de mundo e a seleção dessas crianças. Deslocar os interesses ou abrir horizontes já pode expandir a experiência e o aprendizado dos alunos, e a própria criança vai desejar provar novidades que excitam sua imaginação. Por isso, disponibilize uma variedade gêneros, temas, autores e estilos na sua sala de aula, desenvolva mediações de leitura e não frustre a capacidade de escolha de cada um.

Todo livro está comprometido com a ânsia pelo conhecimento. Exatamente por isso, obras selecionadas para uma roda de leitura não devem estar lá apenas porque fazem sucesso no mercado editorial ou pela sua engenhosidade de produção ou efeitos de acabamento, mas sim porque trazem embutidos discursos originais e de reconhecimento, agregando identificações e jogos de linguagem a serviço de uma decifração dos registros, conversão sígnica, compreensão dos elementos de leitura e apreciação. No entanto, o professor sabe disso, mas o aluno ainda está aprendendo... é necessário, portanto, ser paciente com esse processo (seleção e escolha de obras).

A criança deve ter meios de perceber que a escrita é uma modalidade com expressividade, assim como a linguagem oral. Cada livro guarda uma dimensão comunicativa do texto: tem objetivos, tema, destinatário potencial, estilo próprio.

Figura 31 – A hora da leitura – silenciosa, compartilhada e mediada (Lagoa Santa, MG). (Foto de Daniela Montuani).

O professor, enfim, pode motivar de muitas maneiras o interesse das crianças para o exercício da leitura. Por exemplo, leia, recite ou interprete textos para os alunos, porque, além do encantamento das palavras, dos sons e dos gestos, o momento compartilhado tem chance de levar as crianças à compreensão dos sentidos de leitura. Mesmo que entre as situações comunicativas de trabalho com seus alunos existam notícias e fatos (assuntos informativos), planeje também exercícios literários lúdicos e dê asas à imaginação. Mas é preciso contagiar as crianças com a nossa disposição e vontade de conhecer o que elas mais gostam. Igualmente importante é estimular a leitura silenciosa dos alunos, enquanto eles manuseiam os livros – disponibilize alguns livros na sala de aula, de modo que a exploração das obras seja não só autorizada mas incentivada.

Assim como é bom escutar um amigo dizer: "Brinque comigo!", "Quer brincar de novo?", nós nos revigoramos quando interfaces amigáveis criam zonas de comunicação e atividade conosco. Livros não devem ser desgostosos ou resguardados do manuseio, muito menos inacessíveis ou proibidos. Que triste imagem é ver livros de qualidade encaixotados, esquecidos em algum espaço sem função! O contato e a convivência criam vínculos e arejam ideias, além de treinar a apreciação das leituras.

Ah! Que lembranças boas me dão as tantas rodas de leitura onde já estive como contadora ou ouvinte. Dá vontade de repetir as emoções e de brincar de novo de faz de conta com aquelas companhias – de pessoas e livros.

Apreciação e leitura

Nos museus, muitas vezes há monitores que orientam o público, de modo a potencializar a apreciação do observador. Nas escolas, são os professores que fazem o papel da mediação do conhecimento. O mediador nunca deve ser a figura que repete os clichês e que não cria espaço para as reflexões pessoais. Superficialidade, leitura pouco treinada e inadequação dos livros à faixa etária são aspectos negativos em qualquer mediação ou monitoria.

Figura 32 – Livros de dobraduras e acabamentos táteis especiais, com linguetas (puxe e descubra/abra-e-feche), jogos de linguagem e diversões textuais e em *pop-up*. Produzidos para o leitor-ator, leitor-protagonista, para a leitura de interação. Obra de surpresa e situações comunicativas lúdicas, criadas por Keith Faulkner (*Drácula*, Cia das Letrinhas) e por Paul Hanson (*My mummy's bag*, Ed. Ullmann). (Foto de Ana Paiva).

No movimento da vida, desenvolve-se a apreciação onde as sensações são chamadas. Conforme já observamos muitas vezes, as crianças costumam apreciar formigas carregando folhas, papéis dançando ao vendo, conchinhas do mar, mangueiras serpenteando pela força da água comprimida, pedrinhas brilhantes no chão, etc. As crianças, desde muito cedo, aprendem espontaneamente a apreciar na diversão livre, orientadas pela experiência do sentir.

Mas o que pretendo dizer com isso, amigo professor, é que apreciar é também um veículo de expressão e aprendizado. Apreciar não é perda de tempo. Porque os olhos que viram, sentiram, poderão traduzir as sensações e se preparar melhor para outros degraus do entendimento contínuo.

Mesmo quando a apreciação é uma liberdade, uma atividade lúdica, ela é um contato com o mundo e suas situações comunicativas. E o ato de ler é uma atitude que pode fazer parte do apreciar. Porque o ato de ler não inclui apenas conhecer as letras do alfabeto e com elas criar sentido. Ler é conhecer e interpretar por meio da leitura.

Confirmamos que muitos cegos leem com as mãos. O livro *Firirim Finfim*[15] é uma excelente descoberta nesse sentido de apreciação tátil. Seu miolo mantém em relevo não só o texto em braile mas também as lindas ilustrações as quais dão vida aos personagens e cenários criados muito mais para a sensibilidade das mãos do que dos olhos humanos.

Como podemos (re)descobrir juntos, ler é descobrir palavras, por suposto, mas vai além. Por um lado, também compreendemos que ler pode não formar valor de juízo. Pode ser algo mecânico. Um mesmo texto pode ser lido igual por toda a turma, por exemplo. Mas até nesse sentido, a apreciação ajudaria na leitura, enquanto treino para esse "ir além". Porque um apreciador gasta tempo com deciframentos, com o sentido das coisas. A interpretação igualmente é um modo de abrir versões ao que se mostra impresso, disponível para a leitura.

O professor-apreciador, concomitantemente, pode ler na fisionomia dos alunos desinteresse ou motivação diante de um tema ou obra. Afinal, apreciar é considerar, é também estimar o valor de alguma coisa num dado momento.

Na infância, a apreciação pode nascer da manipulação de um material. Tal como a arte é muito mais do que mera técnica, apreciar é muito mais do que somente ler palavras. Aliás, um aluno pode ler perfeitamente alguns parágrafos sem ter apreciado nada de um texto. Por outro lado, uma criança na Educação Infantil pode apreciar um livro sem ainda saber ler palavras. Afinal, existe uma arte de ler, que nasce no toque e na interação livre, quando os olhos e as mãos infantis ainda não decoraram as regras de uma leitura padrão, mas

---

[15] LISBOA, Elizete. *Firirim Finfim*. Ilustração de Ana Raquel. São Paulo: Paulinas, 2007.

já se aventuram. Digo mais, há livros infantojuvenis que só se fazem *inteiros* na interação.

Diante de jornais, revistas, gibis, livros, folhetos publicitários, etc. percebemos várias expressividades, finalidades, registros e conceitos. Quando trabalhamos com gêneros literários e apreciação refletimos também combinações da linguagem – seja na dimensão verbal ou na dimensão extraverbal.

Por ocasião de um planejamento com gêneros do discurso, podemos estimular nossos alunos a apreciarem as organizações próprias de cada gênero, suas formas de diálogo com o leitor, organização dinâmica de elementos e acabamento. Será interessante observar o que é relativamente estável nos gêneros e o que se renova.

Figura 33 – Contato com a obra *Brinque comigo*, Coleção Toque e Descubra. São Paulo: Ed. Caramelo, 2005. Bebê se diverte com o espelhamento de sua imagem. A obra valoriza o sensorial. (Foto de Ana Paiva do bebê Miguel, de 7 meses).

Mas é preciso sair em defesa da apreciação? Sim, se entendermos os motivos. Se nós buscarmos uma definição simples e que nos sirva no dia a dia, podemos associar apreciar à ação ou ao sentimento de tomar conhecimento de algo, em busca de sua significação. A preocupação de descobrir um sentido único ou fechado para o objeto apreciado não faz parte, por exemplo, da atitude do apreciador, que se enriquece com as leituras do mundo. A apreciação exige curiosidade, mas igualmente treino. Por isso, inicialmente as crianças que leem se interessam por formas, sons, cores, materiais, imagens, texturas, espelhamentos, etc. Mais tarde, os leitores mais experientes se interessam pelos conceitos e suas variações nos conjuntos de leitura, até que um dia alcançam suas regularidades, leis gerais, estilos, tendências, etc.

Ou seja, no começo, ao que parece, está a brincadeira da descoberta e a sondagem. A educação do olhar e das sensações é gradativa.

Para ir em direção a algo prático: será que o exercício de apreciar ajuda a criar atenção de leitura nos alunos, por exemplo? Apreciar pode, sim, ajudar a constituir uma leitura, uma vez que o tempo que conferimos a uma ação ou sentimento faz toda a diferença na aquisição de qualquer conhecimento ou percepção. Ou seja, a apreciação pode criar um gosto interior ou entendimento livre pela leitura dos detalhes, de forma menos superficial. Quem já amou alguém sabe o quanto apreciou... quanto tempo se deteve naquela busca. Da mesma forma, quem lê apreciando não está lendo corrido, lendo na pressa, no imediatismo. O tempo da apreciação transforma a leitura.

Os professores de creche reconhecem que um bebê pode começar uma apreciação mordendo ou pegando um livro de banho, de plástico, por exemplo, pois é assim que ele se sentirá à vontade para descobrir o objeto-livro: tentando pegá-lo e experimentá-lo pelos sentidos que estão mais desenvolvidos no período.

Figura 34 – *Ballerina Sue* e *Fireman Fred*. Obra de Andrea Van Ness. Thumbuddy to Love, LLC, 2011. Livros-brinquedo de papel (história) e tecido (personagens). Cativam a atenção e apreciação infantil. Disponível em: <http://www.prweb.com/releases/2011/5/prweb8388502.htm>.

Conforme os alunos vão crescendo, algumas mudanças ocorrem. A realização estética dos leitores poderá estar associada à apreciação ou à leitura, ou a ambas. Tanto a intuição estética do objeto (livro) quanto uma compreensão mais aprofundada podem propiciar uma iluminação de interesses. Por isso é tão importante observar onde os alunos se detêm – capas, miolos, passagens/sequências da obra, etc. Isso porque a apreciação e a leitura podem ser conceitos afins dependendo do contexto, embora suas implicações e significados possam ser diferenciados dependendo da troca comunicativa de sentidos – por exemplo, uma professora diz aos seus alunos: "Vamos apreciar esta capa"; "Vamos fazer uma leitura desta capa"; "Dez minutos para apreciar a história"; "Dez minutos para ler o texto". Nos casos acima, o aluno poderia tanto perceber livremente o que os seus sentidos comunicam quanto se sentir impelido a descrever e explicar rápida e objetivamente à professora o que percebe. O entendimento, enfim, pode ser algo pessoal, íntimo, sujeito a trocas livres, ou algo objetivo, mais explicitado, mais sujeito ao responsivo, ao avaliativo. Tudo dependerá do contexto, afinal podemos ler apreciando e apreciar enquanto lemos; assim como podemos apreciar sem ler e ler sem apreciar.

Em *Histórias da Carolina* (p. 27), Carolina e Bocão seguem para o jardim. Carolina está eufórica, porque terá bastante tempo para se divertir com jardinagem. Bocão está reticente, pois não consegue identificar algo que o incomoda. Os três quadrinhos iniciais contextualizam o leitor sobre o que está acontecendo e apresentam os personagens; igualmente é sugerido na composição verbo-visual um problema (a dúvida de Bocão). O quarto quadrinho ressalta que algo de diferente vai acontecer, algo revelador – esse quadrinho faz o papel de transição na estrutura. O quadrinho final aponta a solução, assim como, no caso, diverte o leitor. [...] As narrativas por imagem (NI) apresentam outras tantas variações de estilo, abrindo novas possibilidades para o percurso da narrativa e a apreciação pelo leitor. O espaço mais generoso para a imagem – quando, por exemplo, ela ocupa até duas páginas inteiras – confere maior peso e autonomia às ilustrações, além de ajudar a alinhavar a trama principal valendo-se, para isso, de aspectos enunciativos e simbólicos da imagem. [...] Quanto mais criativa a obra de narrativa por imagem, mais incidentes ou desvios ela sugere ao longo do percurso, alargando o estágio de contextualização e tornando mais imprevisíveis – e surpreendentes – os caminhos que a narrativa pode tomar.[16]

---

[16] ZANCHETTA, Juvenal. Para a leitura de histórias em quadrinhos e de narrativas de ficção por imagens: introdução a aspectos narrativos e gráficos. In: *Guia do MEC 2014*, volume 2, Guia dos anos iniciais do Ensino Fundamental (No prelo). Obra que contempla o acervo do PNBE 2014.

Apreciar e divertir-se na infância

Lembro-me do quanto eu gostava de uma professora do Ensino Fundamental, que permitia aos alunos a atividade de caça a rimas. Passado um período de contato com alguns livros na sala de aula, éramos todos estimulados a uma aventura: garimpar nas obras nossos trechos preferidos, mais melódicos, sonoros, os que mais nos marcavam. Tudo isso conferia uma intimidade com algumas obras de acervo escolar, nos animava, nos ensinava acerca de tomadas de posição e, gradativamente, nos propiciava um senso de seleção. As conversas que advinham dessa caça literária também eram bem animadas, porque incluíam um diálogo prazeroso com a professora, a leitura em voz alta de trechos bonitos e até mesmo a leitura em pares. Havia fruição e curtição.

Figura 35 – Antes mesmo da contação, há exercícios que podem envolver o vocabulário das histórias. (Fotos de Ana Paiva do Paralfaletrar – atividades desenvolvidas pelo Núcleo de Alfabetização e Letramento Lagoa Santa, 2013).

Muitas crianças gostam da oportunidade de ouvir uma história pela voz do seu professor, coleguinha, em coro ou jograis. Montagens teatrais também costumam agradar às crianças, que se põem em movimento: no trabalho de voz, gestos, expressão corporal, caracterização dos personagens, etc. Antes mesmo das histórias, brincadeiras com o vocabulário da obra também criam vínculo com a atividade. Realizar a encenação de uma história ou apreciar a encenação dos colegas, tudo isso cria registro, repertório, vontade de ação e de participação.

Agora, mais comum do que se pensa, falar de leitura infantojuvenil e de apreciação hoje em dia muitas vezes se relaciona ao conceito de *enjoyment* – no sentido de gozo, prazer, alegria, divertimento, recreação. Isso porque as crianças, mesmo antes de conhecer nomenclaturas ou palavras, são estimuladas por seus sentidos e buscam se alegrar e entreter nas ações que realizam.

Mas não há paradoxo. Reunir literatura e diversão na infância não é algo negativo nem incompatível. Formas de jogos e brincadeiras são amplamente culturais. Além do mais, enquanto se diverte, a criança se empenha, extravasa, relaxa, pode se aliviar do que é reprimido, movimentar ideias e até se extasiar. Tudo isso pode gerar desbloqueios e motivação.

Tenho observado que as crianças podem não saber o que é um gênero literário, mas ainda assim podem se sentar com um exemplar nas mãos como quem vai ler um livro, porém na descontração de quem vai brincar. Enquanto a mão muda de lugar e o manuseio permite variantes, as crianças-leitoras e os bebês-tateadores podem se divertir e, enquanto se entretêm, organizam seu mundo interior de ideias e pensamentos.

Figuras 36 e 37 – "Pelo ato de brincar observam-se iluminações" (Walter Benjamin). Fotos de Ana Paiva (Paralfaletrar, 2013): (a) Bebê de 7 meses entretido com um livro *pop-up*. (b) Jogo de produção de texto escolar.

Flexibilidade, fluência e elaboração são processos mentais que podem desenvolver a criatividade quando a apreciação torna-se um hábito. Surpresa, satisfação, saboreio e manuseio também podem motivar formas de apreciação, seja pela estimulação, seja pela originalidade em jogo.

Quanto ao brinquedo – por vezes acoplado à ideia de livro infantil –, talvez mude a nossa forma de ver e interrogar o livro, com um lado positivo adicional: vendo no livro uma clara proposta de brincadeira, cria-se naturalmente uma dimensão motivada e concentrada no objeto, brinquedo e bem cultural, apto a demonstrar uma multiplicidade de sentidos – que cabem no livro infantil.

(a) O que cabe num livro?, de Ilan Brenman (Difusão Cultural, 2006). O livro propõe de modo lúdico um trânsito entre real e imaginário, fazendo o leitor compreender pelas ilustrações de Fernando Vilela aquilo que povoa os livros: muito mais do que o que cabe em sua dimensão e em seu formato. Cabem num livro a necessidade e a sensibilidade humanas para a criação de registros, escrituras e arte.

(b) Bloco do porquê. A professora lê histórias com os alunos e depois cria algumas caixas de sequência: de "quem?", "onde?", "como?", etc. Exposição anual do Paralfaletrando, 2013, Lagoa Santa, MG [Núcleo de Alfabetização e Letramento].

Figuras 38 e 39 – *O que cabe num livro?* De Ilan Brenman e Fernando Vilela (DCL, 2006), e atividades literárias do Alfaletrando. (Fotos de Ana Paiva, 2011).

A literatura sempre deve ser enxergada como uma forma artística de transfiguração do real. Quem escreve trabalha com a linguagem, com uma interioridade, uma bagagem, servindo-se de um conjunto de códigos culturais. Quanto ao apreciador, também ele tem sua visão de mundo e extraordinária capacidade de interpretação. Mas sem motivação, muitas vezes não há apreciação.

A apreciação, ademais, tem estágios, mas basicamente mantém essa busca pelo que dá corpo ao pensamento e inteligibilidade ao mundo. Uma cor, uma diagramação, um formato, uma tipologia, uma mensagem cifrada, uma dobradura em 3D, todas essas expressões de linguagem podem provocar o imaginário humano. Inscrições artísticas e visuais, por exemplo, podem criar um sentido que as palavras, unicamente, em princípio, não têm ou não revelam. E, de tanto apreciar, o homem aprende a ter liberdade para interpretar mais confiantemente.

Pela apreciação também é possível expandir associações, de modo a se divertir com a escrita e fomentar olhares curiosos para as formas textuais. A apreciação pode, inclusive, ser uma via de escape a uma sociedade demasiadamente impulsiva.

Figura 40 – *Poemas para brincar*, de José Paulo Paes. Il. Luiz Maia. São Paulo: Ática, 1999. Disponível em: <http://www.centrodememoria.unicamp.br/sarao/revista25/sarao_ol_texto2_emais_foto_03.htm>.

A ideia de cultura abarca o jogo do livro

> *O verbo ler não suporta o imperativo. Aversão que partilha com alguns outros, como o verbo 'amar'... e o verbo 'sonhar'...* (PENNAC, 1998, p. 15).[17]

Enquanto signo, o livro está sempre em evolução, em movimento, em elaboração, se *recarregando*. Não é uma estrutura imutável.

Terry Eagleton, professor de Literatura Inglesa da Universidade de Oxford, exprime muito claramente em *A ideia de cultura* (2005) suas reflexões acerca da origem desse conceito e a respeito da homogeneização da cultura de massa. Para Eagleton (2005),[18] o conceito de cultura deriva do de natureza, uma vez que um dos seus significados remete a cultivo, ao que cresce naturalmente – a exemplo de cultivo agrícola. Cultura lembraria, assim, uma atividade e mapearia também a mudança histórica da própria humanidade, que vem trocando a anos a existência rural pela urbana. Mas cultura é, para além disso, um termo amplo, que no caso da literatura infantojuvenil também pode ser útil em suas sinalizações. Afinal, cultura reúne uma ideia de base, de tradição, e uma superestrutura, que vai se formando e se transformando ao longo do tempo.

"Todas as culturas estão envolvidas umas com as outras; nenhuma é isolada e pura, todas são híbridas, heterogêneas, extraordinariamente diferenciadas e não monolíticas" (EAGLETON, 2005, p. 28).

---

[17] PENNAC, Daniel. *Como um romance.* Tradução de Leny Werneck. 4. ed. Rio de Janeiro: Rocco, 1998.

[18] EAGLETON, Terry. *A ideia de cultura.* São Paulo: Editora UNESP, 2005.

Figura 41 – Tendo-se em vista a heterogeneidade de meios disponíveis na atualidade, este livro chama o leitor à ação, posto que a história passa a existir a partir do aparecimento dos personagens – recortados e montados pelo leitor, em fomento à interação. (*Zoo dans ma main*, Édition Amaterra, 2012. A obra interativa foi traduzida para vários idiomas. Trata dos habitats e características dos animais de modo divertido). Disponível em: <http://ikskdesign.blogspot.com.br/2012/10/zoo-in-my-hand-zoo-dans-ma-main.html>.

Nós, adultos, com a maturidade aprendemos, muitas vezes, a dissimular o que sentimos em sociedade. As crianças pequenas, por sua vez, olham com seriedade os seus afetos e desejos quando estão a brincar. Tal comparação nos é útil para pensar cultura – e o processo civilizatório. Tudo que está sujeito a muitas ordens e controles passa a ter outro significado. Ou seja, no contexto de sala de aula, o professor (adulto) convive com ações distensoras das crianças, ricas em sentimentos, emoções, sensações e espontaneidade. Há alunos, inclusive, que não conseguem aprender ou se desinteressam totalmente de uma atividade quando têm dificuldade para entender o sentido de tal atividade. Percebe o desafio? O professor é também aquele que pode ajudar a desbloquear experiências, é um agente cultural e um mediador de confiança para a criança.

Figura 42 – Hireford library, Reino Unido. Na visualidade contemporânea, percebe-se essa tendência e fusão no mercado editorial: brinquedos e livros estão ocupando lado a lado os espaços de seção infantil, de forma cada vez mais marcante. (Foto de autor desconhecido).

Cultura se herda e se transcende, enquanto um conjunto de ideias, comportamentos, símbolos e práticas sociais aprendidas de geração em geração por meio da vida em sociedade. No entanto, nós, professores, notamos a dimensão que tudo isso ganha em tempos globalizados; agora, a cultura compõe-se de grande número de culturas – influências e conhecimentos circulantes mundo afora, manifestações humanas e simbolização de comportamentos. Tal tendência afeta os homens e, claro, suas produções, como os livros infantojuvenis.

Assim, o conceito de cultura, que originalmente remete a identidade, abarca igualmente a transição e a mudança, posto que cada cultura fica disponível entre outras heranças culturais. (No universo de livros, a literatura estrangeira, importada, infantojuvenil, sobretudo aquela que é mais premiada ou vira *best-seller,* tem influenciado bastante a literatura nacional e as formas de criação editorial.)

Mas, então, é todo esse movimento cultural que faz com que alguns gêneros apareçam ao longo do tempo? Numa resposta simplista, sim, porque a cultura muda realisticamente, vive renovações e afeta as produções. "O que fazemos ao mundo e o que o mundo nos faz afeta a ideia de cultura" (EAGLETON, 2005). Não é à toa que modelos novos de livros surgiram sobretudo dos anos 1990 para cá. Desenvolvimentos, aprimoramentos, aprendizados nos ramos da indústria gráfica, do agenciamento literário, da tecnologia digital, somente para citar alguns, afetam saberes humanos, em movimento, e seus resultados de produção.

A obra *Vinte mil léguas submarinas*, clássico de Júlio Verne e publicado pela primeira vez em 1870, hoje é reapresentado a jovens leitores na adaptação do consagrado engenheiro de papel[19] Sam Ita. A versão em 3D salta aos olhos daquele que folheia as páginas e se depara com a parte textual do clássico e com uma nova abordagem performática para as aventuras do capitão Nemo. Mescla de herança – do clássico – e transcendência, a obra cria apelos visuais intensos para representar o conjunto de ideias que esculpe parte da trajetória do Náutilus, confrontos, lugares e peripécias.

Figura 43 – *Vinte mil léguas submarinas* em versão do século XXI, em 3D/*pop-up* produzido por Sam Ita. De tempos em tempos novos modelos, séries e gêneros surgem na cultura. Inquieta, a humanidade está sempre colocando saberes em movimento, tendo por base e fonte uma rica e variada bagagem cultural. Disponível em: <http://www.updateordie.com/2012/02/08/o-futuro-dos-pop-up-books>.

Hoje em dia, a novidade é algo desejável mas também inquietante. As profusões ocorrem em massa e ininterruptamente no mundo – um mundo de ofertas reais e virtuais.

Na sala de aula, em casa, no momento de consumo de livros, entre outras situações, a novidade cultural pode enfrentar desconfiança, resistência e estranhamento. No entanto, a própria engrenagem

---

[19] Referência dada aos autores que criam obras em 3D, em *pop-up*, em dobraduras que saltam aos olhos.

cultural pode produzir os meios e demandas para sua própria transcendência ou renovação.

Cena no supermercado: – Mãe, compra esse Danette para mim... Não, esse não... o que vem com M&M [a criança elegendo pelo extra/acessório]. Na vida social, o que nos chega a *priori* como um suplemento – em capas, embalagens, publicidades, promocionais, etc. – também vai ganhando espaço na cultura, e quando percebemos, já está contido naquilo que complementava. Também os acabamentos gráficos dos livros infantojuvenis estão cada vez mais chamativos, interativos, tecnológicos e táteis; eles definem a compra e a escolha de muitos livros. Ou seja, o que é extra ou acessório aparentemente pode se tornar vital para a seleção ou mesmo para a identidade de um produto – cultural e de consumo.

Figura 44 – Livro-brinquedo *My little red fire truck*. Simon & Schuster Books for Young Readers, 2009. Um objeto discursivo, cultural, em condição de produção determinada. As peças se encaixam e desencaixam, e o livro é feito para a leitura e a brincadeira da criança. A obra é textual-imagética e interativa. Surpreende o apelo da publicidade, com o livro montado para o *entertainment*. Disponível em: <http://goo.gl/WoCQYl>.

Hoje buscar identificar e compreender mensagens visuais, ansiar por informações novas, transitar entre meios e ter acesso a formas de compartilhamento de informações e gêneros discursivos já faz parte de um comportamento cultural no século XXI.

Logo que as crianças cresçam, circular entre comunicações superabundantes também definirá um perfil de trânsito na era da globalização. Afinal, quem poderá sobreviver ao século XXI sem estar conectado aos canais multimeios e às situações comunicativas que nos interpelam?

O tráfego de conhecimento nunca esteve tão ágil. Talvez por isso o número de traduções de livros também seja tão grande e significativo. Como professor, você já reparou quantas obras nacionais e estrangeiras lê para seus alunos por ano? Já conseguiu perceber se há um equilíbrio ou desequilíbrio entre o que está sendo ofertado aos alunos como experiência literária? Como manifestação cultural? Será que estamos (literatura nacional) bem representados na quantidade de livros/ano que nossos alunos aprendem a conhecer e desfrutar? Vale a pena refletir.

Os megacentros de produção de livros fazem suas obras e autores circularem freneticamente pelo mundo e, por contágio, muito do que se espalha ou comenta é reeditado. Desse modo, temos nossa origem (raiz), nossa localização, nossa cultura, mas também somos do mundo em conectividade, hoje podemos até transitar sem fronteiras – por exemplo, no mundo virtual. O resultado de todas essas macromudanças logicamente afeta e agita o jogo (de produção) do livro.

Figura 45 – *Les chemins*. Livro infantil tátil, interativo, com proposições de lógica e observação. A criança vai descobrindo os sentidos da narrativa brincando. Obra de Lynette Rudman, edição Les Doigts que Rêvent. Disponível no site Les Doigts qui Rêvent: <http://goo.gl/SzmB0T>.

O jogo do livro na escola

Na escola, as referências culturais regulam o ambiente de aprendizagem, mas estão sujeitas a influências e crescimentos espontâneos. Os livros que são levados aos cantinhos de leitura, por exemplo, em geral se submetem a uma seleção criativa da regra – regra do que é bom para a idade e o período escolar. Isso funciona desde que os interesses atuais dos alunos sejam observados e valorizados pelos professores e bibliotecários no ambiente escolar cultural, assim como as leituras que evoluem bem e motivam a socialização.

Segundo Eagleton (2005, p. 13), as "[...] regras, como culturas, não são nem puramente aleatórias nem rigidamente determinadas – o que quer dizer que ambas envolvem a ideia de liberdade". Até porque, os seres humanos não são meros produtos de seus ambientes; são complexos.

Figura 46 – Na hora de selecionar livros, pense também nas preferências culturais, sociais e etárias de seus alunos; afinal, na escola como na vida, as regras devem respeitar as liberdades individuais e coletivas.

Procure sondar os interesses dos seus alunos, peça que levem para a escola livros de sua biblioteca pessoal, escolhidos pelas próprias crianças para deleite e leitura. Fomente uma troca de experiências a respeito das obras lidas. Se possível, de tempos em tempos, convide um contador de histórias até a sua classe, para que as crianças vivenciem momentos lúdicos de contação através do jogo do faz de conta. Quando for necessário, faça esclarecimentos sobre os gêneros, os temas e o vocabulário que circula na turma. Promova a releitura de algumas obras, a encenação de alguns trechos lidos ou dias de recital. Todos estes momentos devem unir professor e aluno e tornar ainda mais prazeroso o contato com a literatura.

Se observarmos os oceanos, da superfície às grandes profundezas, quantas dimensões de entendimento existem! Na abordagem da literatura também é assim: os livros aglutinam camadas de significação em seus planos, elementos, representações.

No desafio do jogo literário, muitos são os significados que contribuem para a compreensão de um texto. Precisamos buscar as relações partes-todo para entender o significado de uma obra.

Enfim, os jogos começam quando temos participantes interessados, motivação para um aprendizado e uma dose de alegria e desafio para o pensamento-ação.

Figura 47 – Livrolina, personagem lúdico criado por Lucinea Maria Gomes. Contação de histórias na sala de aula – rede municipal de escolas de Lagoa Santa (MG). Colaboração: Núcleo de Alfabetização e Letramento. (Foto de Daniela Montuani).

Embasamento para a confecção de livros artesanais

No próximo capítulo vamos começar a conversar sobre um assunto que deve interessar aos professores: a confecção artesanal de livros para a sala de aula e para o acervo da biblioteca escolar. Desde 2003, como professora-oficinista,[20] venho pesquisando obras, aperfeiçoando técnicas, apurando a seleção de materiais acessíveis e incrementando a prática de feitura de livros voltados à Educação Infantil e ao Ensino Fundamental.

A realização de um livro pela turma, em trabalho de equipe, através da divisão de tarefas, na escola pública ou privada, ajuda os leitores a escapar de um automatismo da percepção. Muitas ações criativas e expressivas se iniciam do *fazer literário*, com os meios que temos à disposição. Por isso, dedicaremos todo um capítulo a essa troca de ideias.

Realizar uma obra é uma experiência memorável para o grupo. Essa ação também é rica em significação social e sua realização expressa tanto a identidade das crianças com o livro artesanal confeccionado por eles com a mediação do professor, quanto o compartilhamento de ideias. Quanto ao resultado final, demonstra empenho, parceria e originalidade nos efeitos conjunturais de composição e jogos de cena – disposições dos elementos na página, desenhos dos alunos, materiais escolhidos, etc.

O tempo e o espaço de idealização e realização dos projetos movem os saberes que se acendem, se entrecruzam, se somam, se multiplicam, se dispersam, se expandem, etc. Sendo assim, reserve o tempo necessário para a confecção de seus livros e o espaço apropriado para essa investida com a turma. Além disso, é sempre o texto que deve ser o ponto de partida na literatura. Pesquise previamente com os alunos que história as crianças desejam contar, onde ela se passa, quem são os personagens, qual a sequência narrativa que vai ilustrar

---

[20] Iniciei meu trabalho de confecção de livros lúdicos, artísticos e experimentais em 2003, na França, em Marselha, no Ateliê Vis à Vis. Desde então foram mais de 10 oficinas – inclusive para a UFMG e para o Núcleo de Letramento e Alfabetização de Lagoa Santa, a pedido de Magda Soares – e um resultado de mais de 100 livros confeccionados por professores de escolas públicas do País.

a trama, qual o conflito e o desfecho que os alunos encontraram para a história e que gênero pode ajudar a confecção como referência. O texto deve ser criativo – mesmo se for uma adaptação de uma história conhecida – e convidativo à apreciação pelo estilo e estrutura da sua elaboração.

É a partir do conteúdo – impresso ou sugerido, por exemplo, por imagens – que conhecimentos variados devem instigar a imaginação e a interpretação dos alunos.

Vamos agora então conversar a respeito *do que cabe num livro* na hora da confecção artesanal.

Figura 48 – "Joga pra lá. Puxa pra cá. Jeito não dá. Jeito não tem. Fuça aqui, fuça lá. Mexe e remexe até encontrar o tal livro sabido! que tudo aquilo pode explicar. Toda pergunta exige resposta. Em um livro vou procurar! Pensa Lelê no canto a cismar." [Cultura é também criação e fator de humanização, e uma ideia do Outro.] O texto termina dizendo assim: "Lelê já sabe que em cada cachinho existe um pedaço da sua história, que gira e roda no fuso da Terra; nos cabelos está também a memória [...] e agora Lelê ama o que vê. E você?" (Trecho do livro *O cabelo de Lelê*. Escola Municipal de Lapinha, Infantil I, Alfalendo 2012, Lagoa Santa). (Foto de Ana Paiva).

Sugestões de leitura:

BENJAMIN, Walter. *Reflexões sobre a criança, o brinquedo e a educação.* São Paulo: Livraria Duas Cidades, 2007.

CADEMARTORI, Ligia. *O professor e a literatura – para pequenos, médios e grandes.* Belo Horizonte: Autêntica, 2009. (Série Conversas com o Professor)

Sugestões de visitação:

PARALFALETRAR. Exposição anual em Lagoa Santa, Minas Gerais, promovida pela Secretaria Municipal de Educação. Coordenação Núcleo de Alfabetização e Letramento, Magda Soares. Trata-se de uma mostra de Recursos Metodológicos, criados pelas professoras da Rede Municipal para alfabetizar e letrar os alunos de escolas públicas. O evento acontece, em geral, no auditório da Escola Municipal Professora Claudomira ou na Escola Municipal Dr. Lund. A mostra, aberta ao público, é voltada a educadores e à comunidade em geral. Verifique na internet a programação.

ALFALENDO. Exposição anual em Lagoa Santa, Minas Gerais, promovida pela Secretaria Municipal de Educação. Coordenação Núcleo de Alfabetização e Letramento, Magda Soares. Trata-se de uma mostra de livros e gêneros literários, criados pelas professoras da Rede Municipal para fomentar o gosto dos alunos para a leitura literária. A mostra, aberta ao público, é voltada a educadores e à comunidade em geral. O evento acontece em partes diferentes da cidade, incluindo a Escola Municipal Dr. Lund. Verifique na internet a programação.

Capítulo II

Confecção de livros para a sala de aula: sugestões práticas

Figura 1 – Crianças, o que vamos ler hoje no início do nosso encontro: livros, jornais, revistas, gibis, postais, cartas, catálogos, rótulos, convites ou receitas? Quem vai jogar o dado? (Mostra do Alfaletrando, 2011. Foto de Ana Paiva).

São muitas e diversas as opções de leitura na escola. Transitar por situações comunicativas é importantíssimo para que os alunos percebam os propósitos e as finalidades que se relacionam às escrituras do mundo. Você pode, professor, combinar com os alunos que um deles vai jogar o dado da sorte para decidirem qual será o veículo de comunicação e expressão abordado no dia. Como na foto representada neste capítulo, o caminho do dado artesanal pode percorrer textos ou até mesmo fases de produção de um suporte de leitura literário, se você já estiver trabalhando com confecção de livros na sala de aula.

A experiência aqui relatada e proposta se vale de uma prática de dez anos com produção de livros artesanais, passando por uma formação tanto nacional (graduação em Produção Editorial na UFRJ e conhecimento prático de criação em editoras) quanto internacional (trabalho em edição artística no Ateliê Vis à Vis, na França). Os alunos dessas oficinas já foram crianças (francesas, espanholas e brasileiras[21]), jovens (universitários) e professores (em formação e capacitação). O público de oficina de confecção de livros artesanais demonstrou a existência real de uma demanda por esse conhecimento prático, incluindo o interesse desde universitários de graduação em produção de livros e *designers* gráficos até professores de EJA – num curso de extensão ministrado na UFMG – e professoras da Educação Infantil e Ensino Fundamental da rede municipal de educação de Minas Gerais (Belo Horizonte, Santa Luzia e Lagoa Santa), onde atuei.

Apesar de minha formação em Comunicação Social (graduação em 1998 e mestrado em 2002), desde 2010 todos os trabalhos de oficina que ministrei foram voltados para a área de Educação, mais especificamente para a criação de obras literárias interativas e lúdicas em diversificados gêneros. Ou seja, as oficinas nasceram de uma demanda dos grupos escolares, que passaram a me convidar para a elaboração de projetos práticos de confecção de livros voltados à criação de exercícios pedagógicos literários e à revitalização dos acervos escolares de sala de aula e biblioteca.

Esse movimento do professor em busca de capacitação e de acervos me motivou sobremaneira. Afinal, se apoia numa necessidade dos grupos sociais, aplicada, e numa experiência cultural de significação do mundo das ideais, uma vez que livros são expressões do pensamento humano.

Daqui para frente, o texto segue buscando ser menos teórico e mais prático, indicando fases de planejamento, criação e amostras de resultados antes, durante e depois dos períodos de oficina.

---

[21] Na França ministrei oficinas em Marselha; na Espanha, em Valladolid; no Brasil, em Minas Gerais.

Figura 2 – Bonecos de pano de boas-vindas, colocados na entrada da biblioteca escolar, funcionam como registro dos alunos visitantes. Crachás personalizados são fixados nos bonecos marcando a presença das crianças.
Alfaletrando, 2012. (Núcleo de Lagoa Santa, MG. Foto de Ana Paiva).

O que é preciso para confeccionar livros na escola?

Primeiro, é preciso disposição. Depois, necessidade e formação de uma rede de apoio.

Sugiro que, antes de um convite formal a um oficinista experiente, seja avaliado na rede de ensino se esse professor tem prática de sala de aula, prática em produção de livros artesanais escolares e se tem conhecimento na área de abordagem – no caso, livros literários e o público-alvo estimado.

Antes de pensar nos materiais de confecção prática dos livros, oficinas produtivas nascem de uma rede de apoio – contato com a secretaria de educação, a diretoria de escola, os coordenadores do núcleo pedagógico – e do diálogo direto com professores. Não basta, portanto, desejar as oficinas e a capacitação dos professores. Muitos trâmites devem ser planejados para que o tempo de oficina não prejudique as atividades semestrais da escola nem o cronograma de atividades dos professores.

Crie previamente ajustes de horário semanais para que as oficinas possam ser realizas periodicamente e sem desistência dos professores. Estipule um dia fixo na semana, assim como um horário fixo para a realização dos encontros e disponibilize para o grupo um calendário com as datas de oficina e as atividades previstas por data.

Estime quem serão os interessados não só nas oficinas de confecção de livros como na exposição final, para que o planejamento já comece a projetar os locais de recepção e mostra do evento.

Figuras 3 e 4 – Dias de lançamento do projeto literário Alfalendo (Lagoa Santa, MG). A reserva de um espaço – quase sempre escolar – que estime o público (quantidade de visitantes) e a produção de livros para o dia da mostra de livros artesanais fazem parte do planejamento de oficina. (Fotos de Ana Paiva).

Um responsável pela rede deve estipular quem vai participar das oficinas – sempre que possível valorizando um sistema rotativo para que de tempos em tempos haja inclusão de quem ficou de fora em determinado período. Essa escolha deve se basear em reuniões do colegiado, no tema da oficina, nas metas de produção da mostra e no público-alvo que a oficina vai atingir. Por exemplo, se a oficina for de livros sensoriais e interativos para a Educação Infantil, um gestor ou coordenador do Núcleo deve decidir quem pode estar liberado no horário previsto das oficinas e quem está apto a ter aproveitamento nessa capacitação, considerando, para isso, não só a capacitação do professor em si, numa dimensão pessoal, mas sua capacitação para, futuramente, repassar os conhecimentos para outros professores da rede que nesse momento não puderam participar das oficinas práticas de confecção de livros. Afinal, muitas ideias de base, de criação editorial e literária, perpassam todos os segmentos de produção de livros e podem ser utilizadas em Educação Infantil, no Ensino Fundamental e na EJA – a exemplo do aprendizado de confecção de capas duras, costura de lombada, montagens artísticas em dobraduras de papel, etc.

Outra ação importante quando as oficinas já estiverem programadas e marcadas (com uma data de início) é coordenar a logística dos encontros. Os professores serão pegos em suas escolas, em regime de vans? Cada um vai por conta própria para o local das oficinas? Será necessário distribuir vale-transporte para esses deslocamentos? O tempo estimado de saída da escola até as oficinas é suficiente para evitar atrasos? Tudo isso deve ser pensado e organizado previamente.

Liste todos os materiais, individuais e coletivos, que serão necessários para o bom andamento das oficinas. Pense numa lista de materiais já com uma estimativa do número de professores. No caso de oficinas para professores da rede pública de ensino, corte da lista materiais caros tais como papéis especiais metalizados, papel vegetal, couro, instrumentos de *quilling*,[22] guardanapos importados para *découpage*,[23] etc. Simplifique e busque reciclar para ter mais recursos disponíveis.

---

[22] *Quilling*, também conhecido como filigrana em papel, é uma arte com recorte de papéis finos. Nas oficinas, no lugar de boleadores e outros instrumentos caros, podemos usar palito de fósforo tamanho médio para os alongamentos, ajustes de circularidade e dobradura dos papéis em pétalas, folhas, estrelas, etc.

[23] *Découpage* é a arte de recortar/colar dando forma e inclui estampar objetos com guardanapos ilustrados, em geral importados, utilizando cola. Os efeitos são delicados, decorativos e se aplicam também a capas.

Figuras 5 e 6 – Algumas técnicas básicas de *quilling* e *découpage*. Disponíveis em: <http://www.littlecircles.net/> e em <http://kikaflorence.blogspot.com.br/2012/07/livro-codex-com-tema-musica.html>.

No entanto, o fato de não poder contar com alguns instrumentos ou ferramentas de arte não impossibilita a utilização de certas técnicas nos encontros, dependendo da experiência de quem ministra as oficinas. Muitos instrumentos podem ser fabricados ou substituídos com pedacinhos de madeira, plásticos de caneta, clips abertos, etc. Réguas de tamanhos variados também ajudam na arte-criação e produção de dobraduras, colagens e arte-finalizações.

Faça a opção por materiais mais comuns ao universo escolar contemporâneo e, na dúvida, converse com um coordenador de Núcleo para saber, por exemplo, se pode contar com cartolinas coloridas, papel Color Plus, tesouras, cola, estiletes, pistola de cola quente, folhas de acetato, etc. Se no grupo de professores alguns manifestarem habilidades com costura artesanal, invista em agulhas, linhas e bordados para capas e miolos artísticos.

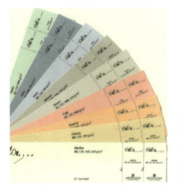

Figura 7 – Mostruário da linha de papéis Color Plus. Procure o bom custo-benefício. Faça um orçamento. Disponível em: <http://www.papeisespeciais.net/venda-papeis-especiais/papeis-especiais-a4/papeis-color-plus.html>.

Quanto às lombadas dos livros, nas oficinas serão costuradas ou coladas. Não utilizamos grampos metálicos porque eles são desaconselhados para crianças, sobretudo da Educação Infantil, pois podem machucar, espetar. Para os acabamentos de capa é interessante ter cola quente e agulhas mais grossas: dois materiais versáteis em oficina. As linhas podem ser escolhidas pelos participantes, desde que sejam resistentes. Também podemos buscar na natureza gravetos ou comprar num armarinho botões para fechos artísticos (do tipo fechos bailarina, onde uma cordinha se enrosca no fecho). Alguns elásticos ou sobras de couro também podem ser utilizados desde que estejam disponíveis – porque esses materiais podem ser substituídos. Há ainda livros que podem vir em caixas e ter fechos imantados, assim como há livros de magnetos, que permitem deslocamento de personagens na interação infantil. Se essa for a intenção, é necessário verificar de podem ser compradas mantas magnéticas adesiváveis. Velcros também podem ser utilizados nas capas e miolos de livros interativos (quando personagens mudam de lugar) e são facilmente encontrados em armarinhos, além de ser baratos. Dependendo do professor que ministre as oficinas, ele até pode disponibilizar grande parte desses materiais como sobra ou recursos de oficina – basta combinar e sondar.

Figura 8 – Modelos de capa da Paperblanks que usamos – para posterior confecção artesanal – em oficinas de livros artesanais. Seguindo a ordem das imagens: (a) capa imantada; (b) capa com enfitamento ou inserção de couro e ímã no fecho; (c) capa em pintura ou *découpage*. Disponível em: <http://www.barnesandnoble.com/w/embellished-manuscripts-mozart-mini-lined-the-paperblanks-book-company/1008383636?ean=9781551566665>.

Figura 9 – Método de prensamento artesanal e inserção de fecho da natureza (graveto) para alceamento das páginas. Fonte: DIEHN, Gwen. *Books for Kids to Make*. Nova Iorque: Lark Books, 1998.

As costuras podem ser de muitos tipos e o oficinista deve se valer da exibição de livros, na sala de oficina, ou de *datashow* para exemplificar o passo a passo dessas técnicas milenares que formam pequenos cadernos, alceados, prensados e presos por uma capa – esta, em geral, feita num substrato mais duro, resistente.

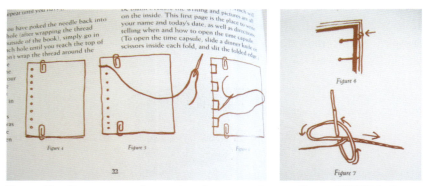

Figura 10 – Passo a passo de um tipo de costura de capa. Fonte: DIEHN, Gwen. *Books for Kids to Make*. Nova Iorque: Lark Books, 1998.

Para confeccionar livros na escola, o professor oficinista deve ouvir as demandas do grupo, diretamente ou através de um mediador, e se assegurar de que os gêneros literários adequados ao projeto aprovado serão representados na mostra final. Em 2010, por exemplo, quando ministrei as oficinas de confecção de livros em Lagoa Santa, para o Alfalendo, as composições tinham de atender a contos de terror, poesia, contos clássicos, fábulas, história em quadrinhos, livros de imagem e a livros-brinquedo – esta última categoria inclui livros interativos e sensoriais. No dia da exposição aberta à comunidade, cada gênero tinha um estande com mais ou menos 20 produções (livros artesanais feitos pelas professoras e alunos da rede). O projeto foi bem-sucedido, entre outros fatores, por causa da exemplificação significativa que foi feita na duração das oficinas; as professoras entraram em contato com quase 200 modelos de livros infantojuvenis, nacionais e importados, diversificados em gêneros, montagens, formatos, dimensões e substratos de leitura. Eu chegava para as oficinas carregando uma grande mala de viagem, lotada de livros lúdicos e originais, e esse material circulava na mão das professoras depois de ser abordado em suas especificidades de linguagem e acabamento gráfico. Ou seja, a visualização, a exemplificação e o manuseio são muito importantes no início das oficinas, quando estamos expandindo os conhecimentos acerca do que vamos confeccionar.

Para confeccionar livros para a sala de aula, é também preciso trabalhar um discurso que vai nomear os objetos (livros), o que inclui pesquisa do professor-oficinista e ganho de repertório por parte do grupo que participa. Cada tipo de livro – por exemplo, os *pop-up, scanimation, step-inside*, etc. –, técnica de montagem – como relevo seco ou americano, costura chinesa, gofragem, etc. – e especificidade de acabamento especial – sonoro, tátil, fragrante, etc. – podem nesse momento de prática ser mencionados, sem pesar como teoria, mas aprofundando conhecimentos de produção.

Muito importante também na hora de selecionar os livros que nos ensinam novas formas de visualidade e acabamento gráfico, atrativas aos pequenos leitores, é ser criterioso na escolha de temas, mensagens, abordagens culturais, e tentar manter um equilíbrio entre as montagens muito complexas e as montagens artísticas acessíveis, porque se os professores escolherem livros de dificílima realização podem ficar frustrados com os resultados, haja vista o tempo e os materiais que temos à disposição.

Considerando o que foi dito anteriormente, o bom senso ajuda. A confecção de livros escolares não deve se apoiar no alicerce da alta tecnologia de produção gráfica. Não estaremos reunidos para produzir livros voltados à espetacularização gráfica. Nossa maior preocupação é criar atratividade para gêneros literários que agradam às faixas etárias previstas e criar experiências de significação do mundo através da partilha de conhecimentos e do prazer estético. Portanto, a seleção dos livros levados para a oficina inspira muito as professoras. E essa seleção deve valorizar a linguagem holisticamente – na forma e no conteúdo.

Livros e projetos de leitura selecionados para exemplificação do uso de forma + conteúdo:

Figura 11 – Livro-brinquedo Asnillo (Ed. EDAF). Obra interativa que reúne ao livro infantil a alquimia do brinquedo. (Foto de Ana Paiva).

Figura 12 – Livro no formato folder, composto em dobraduras, enfitamento de costura de lombada e miolo. *O que é, o que é?* Autor anônimo.

Figura 16 – *Lagarta na primavera, borboleta no verão*, de Susan Hood (Editora Caramelo, 2006). Articulado e tátil, simula o corpo da lagarta. (Fotos de Ana Paiva).

Figuras 13 e 14 – Livro de banho *Amigos de estimação* e livro interativo (puxe e descubra) *Casa assombrada*. (Fotos de Ana Paiva).

Figura 15 – *Regarde moi!* Livro de pano que funciona como travesseiro e como fantoche. Paris: Éditions Quatre Fleuves, 2002. (Fotos de Ana Paiva).

Mas não adianta um livro escolhido para a oficina ser premiado ou fabuloso em arte-criação se não definir seu significado dentro da rede ou demandas do grupo. É importante fazer a pergunta se as oficinas estarão atendendo o letramento literário e a que público se dirigem, se serão representativas nos cantinhos de leitura de sala de aula ou nos acervos de bibliotecas escolares.

Figura 17 – *O livro da água*, de François Michel e Yves Larvor (São Paulo: Melhoramentos, 1997). O livro é repleto de linguetas interativas (puxe e descubra). (Fotos de Ana Paiva).

Figura 18 – Livro-ábaco *Couting with Albert and Amy*. Obra ilustrada por Dubravka Kolanovic e escrita por Tony Potter. Penton Kids Press, 2005. (Fotos de Ana Paiva).

Figura 19 – Livro-folder *As aventuras de Maria e José...* [s.l., s.n., s/d]. O livro deve fazer sentido como objeto e como discurso no caso do endereçamento infantojuvenil. (Foto de Ana Paiva).

Alguns livros têm estrutura mais tradicional de miolo e capa, e outros são construídos como acontecimentos comunicativos. O mais importante é que a linguagem seja enunciadora, criativa e atrativa aos leitores potenciais. A forma do livro nos interessa como apelo desde que a obra tenha conteúdo literário e seja expressiva – no caso do Alfalendo, os livros objetivavam estimular o ler-brincando, aprender se divertindo. Mas cada projeto pode ter o seu enfoque particular.

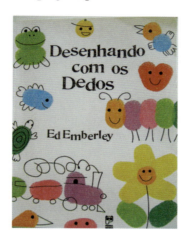

Figura 20 – Há livros que nos inspiram em criações de arte para miolos desenhados, colagens e montagens em dobraduras; outros, nos inspiram em relevos, padrões táteis e apelos sensoriais. Recomendo a obra *Desenhando com os dedos*, de Ed Emberley (Panda Books, 2004). (Foto de Ana Paiva).

Cada obra confeccionada artesanalmente deve estar voltada para a formação do gosto leitor e deve valorizar as competências dos alunos como artífices na produção de desenhos, de textos, de colagens, etc. As habilidades manuais dos professores também devem ser observadas com atenção, a fim de que os exercícios propostos ofereçam graus de dificuldade compatíveis com a desenvoltura de criação do grupo.

Para a revitalização dos acervos de sala de aula e/ou de bibliotecas escolares, também não adianta somente levar modelos de livros muito comuns. As professoras se encantam quando têm a possibilidade de contato com obras especiais e diferenciadas, que podem propiciar atividades pedagógicas e lúdicas animadas com as crianças. Lembro-me da alegria de uma professora ao conhecer os acabamentos gráficos do tipo "esfregue e cheire", que exalam fragrâncias; tratava-se de um livrinho da Salamandra, que falava da natureza e apresentava ao leitor cheiros de caule, de folhas e flores, bastando para isso que o leitor raspasse com a unha ou dedos as figuras – os cheiros eram exalados de microcápsulas acopladas à tinta de impressão. Outra professora se encantou com a coleção francesa de livros da Gallimard Jeunesse Giboulées, chamada *Le Petit Théâtre d'Ombres*, uma vez que no escuro o livro traz, anexo à história, um cenário, com folhas de acetato, e os personagens, também em acetato, além de uma lanterna, para que a gente conte a história via projeção de luz, num fantástico estilo de teatro de sombras. O efeito é mágico.

Apenas para exemplificar, em Santa Luzia tínhamos 38 professoras e em Lagoa Santa, a princípio 20 – depois mais. Dependendo do número de participantes nas oficinas de confecção de livros, é desmotivador ter à disposição apenas poucas obras, mesmo se todas estiverem digitalizadas no *datashow*. A materialidade da obra é diferente, concorda? Para cada participante é interessante apresentar pelo menos duas obras, isto é, ele deve poder folhear, escolher dois livros considerados inovadores para inspirar a prática, enquanto os outros livros circulam entre outros professores. Nessas aulas iniciais de apresentação de acervo-modelo para a oficina, onde estilos e técnicas especiais são divulgados ao grupo, nenhum professor deve ficar sem ter livros na mão, pois a curiosidade começa no toque e na aproximação direta.

Figuras 21 e 22 – Livro com teatro de sombras, versão da Gallimard Jeunesse para O gato de botas [Le chat botté]. As professoras gostam de conhecer novidades nas oficinas. É um momento de troca de conhecimentos. No caso deste livro, as professoras de Lagoa Santa aprenderam a fazer a confecção do suporte e a manusear os personagens para a contação no escuro, no estilo do típico teatro de sombras. Obra de referência: Coleção Le Petit Théâtre d'Ombre, apresentando *Le Petit Chaperon Rouge* (Paris, 2009).

Como os encontros acabam também resultando, no final, em exposições, vale a pena criar registro fotográfico do passo a passo das oficinas, pois somente assim você poderá constatar os avanços, os progressos, as decisões e as soluções que inspiraram as professoras na composição coletiva dos gêneros literários. Ver a obra pronta é maravilhoso, mas entender as decisões por trás das escolhas, as responsabilidades dos autores (professores e alunos) na mancha gráfica e as opções de materiais, tudo junto, é extremamente válido para a realização de novas capacitações, oficinas e exposições.

Para a boa realização das oficinas, descubra também se o grupo de participantes apenas se encontra no local das oficinas ou se, semanalmente ou com outra probabilidade, os professores envolvidos na confecção de livros discutem e aprofundam metodologias quando estão juntos. Afinal, tudo isso enriquece muito o conteúdo das obras literárias e pode levar à idealização de obras ainda bem melhores do que as inicialmente previstas em oficinas, haja vista que tempo também se relaciona a qualidade, quando bem aproveitado.

Figura 23 – Aprendemos nas oficinas a fazer livrinhos-folder e dobraduras, além de relevos e movimentações interativas em fio de nylon, e a professora Cleonir do Carmo Dias, depois, em casa e reunida com outras professoras da rede municipal, idealizou esta montagem, reunindo poesia, conhecimentos aplicados e literários que sua bagagem no Núcleo de Alfabetização e Letramento lhe confere. (Foto de Ana Paiva).

Tentar reunir oficinas práticas e diálogo metodológico seria perfeito. Porque oficinas lidam mais com o lado prático da criação de livros; se o grupo também se encontrar para discutir conteúdos, obras, autorias, ilustrações, projetos gráficos, utilização de materiais disponíveis nas escolas, demandas dos alunos, técnicas de feitura e, além disso, trocar informações sobre o passo a passo realizado nas oficinas (e até em casa) – dificuldades e avanços –, o resultado será muito superior.

Outro aspecto positivo a ser lembrado é que as áreas de *design* gráfico, artes gráficas e produção editorial são acionadas nos momentos de oficina; então, é natural que essas referências se cruzem e se interpenetrem. Costumamos levar para as oficinas originais como modelos de estrutura do livro (obras literárias), livros de exposição, protótipos de modelos em construção e peças gráficas que ajudem os participantes na tarefa de confeccionar seus livros artesanais.

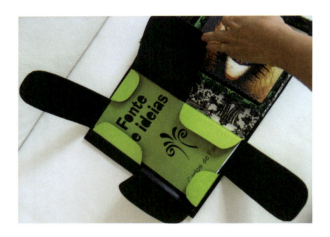

Figuras 24 e 25 – Também levamos para as oficinas protótipos que servem a ideias de novos livros, capas e coleções. Exemplo de caixa com abas para inserção de comunicações, realização de Carlos de Faria.

Estamos conscientes de que só o material levado para as oficinas, por mais fantástico e original que pareça, isoladamente não alfabetiza nem cria letramento literário. É preciso mais do que decodificar as ideias. A formação de equipe, por ocasião das oficinas de confecção de livros, é fundamental para o ambiente de socialização, a capacitação eficiente do grupo e resultados de qualidade. É o que veremos a seguir.

Como montar uma equipe para participar das oficinas de confecção de livros?

Figura 26 – Oficina a todo vapor. Lagoa Santa, 2010. Cada dia fazíamos a montagem de duas obras mais simples ou de uma mais complexa. As professoras escolhiam trabalhar sozinhas, em dupla ou em trio. Incentivávamos a parceria quando o livro era mais complexo e trabalhoso em confecção. (Foto de Ana Paiva).

Uma equipe pode ser montada ou já existir. Existem os dois casos. Já trabalhei com ambos. No caso de a equipe já existir, você conta com uma organização prévia e, em geral, com o maior entrosamento do grupo, inclusive no que tange a questões pedagógicas e métodos de trabalho. Quando uma equipe é nova, não adianta forçar ninguém a querer participar de oficinas. Professores envolvidos devem desejar estar lá, tendo em vista o aperfeiçoamento que imaginam conseguir e os resultados que podem colher. Quase sempre as equipes se formam quando o núcleo (pedagógico) percebe que conhecimentos podem ser trocados, produzidos e gerar soluções, implementações e até transformações positivas para o cotidiano da rede.

Em geral, oficinas de confecção de livros escolares incluem a presença de professoras, de bibliotecárias e de assistentes de biblioteca. Como vemos, todos são agentes e técnicos do social e do cultural, isto é, todos esses cargos lidam com educação, cultura e atribuição social. Por isso mesmo, a equipe deve valorizar e estar preocupada com a existência coletiva e com as situações escolares – dilemas, problemas, impasses, bons exemplos, realizações internas motivadoras, etc.

Os indícios de uma boa equipe estão relacionados com sujeitos ativos, motivados e comprometidos. A prática educativa é um ato social, e os sujeitos envolvidos acreditam na importância do investimento em ações culturais, em ambientes socializadores e em recursos.

A equipe convidada à prática da oficina ou aquela que convida o professor-oficinista igualmente tem consciência de que vivenciará no período situações e circunstâncias desafiadoras, até mesmo para variar ciclos de aprendizagem já corriqueiros. Por isso, ninguém deve ser obrigado a frequentar oficinas de formação/capacitação; afinal, a convivência com os ensinamentos e com pontos de vista socializados é que faz toda a diferença no processo. E sem motivação avança-se pouco nesse sentido. Portanto, o melhor é evitar participações à força (por pressão da rede) ou automatismos ("estou aqui só porque me mandaram para cá neste horário"). Sugiro um cadastro espontâneo. Inscreve-se para a oficina quem estiver realmente interessado. Essa decisão afetará significativamente os resultados finais da produção.

Como não é só o material (livros) que garante ótimas exposições de livros escolares artesanais, também vale a pena investir em pessoas que estejam motivadas a contribuir no processo com opiniões, *feedback* dos alunos, ideias, experiências e sugestões. Afinal, quem participa da oficina não está à mercê de tudo que vem pronto num pacote. Para além do planejamento de oficina, há sempre espaço para adaptações, escuta de demandas específicas do grupo e aperfeiçoamentos. Até por isso nenhuma oficina é igual, tampouco seus resultados finais.

Figura 27 – Incentivar aulas de arte-criação. (Foto de Ana Paiva).

Figura 28 – Oficina com projeção de *datashow* para ajudar na visualização de algum passo a passo na confecção de livros, aula oral, com exemplificações na frente da classe do assunto tema do dia, e acompanhamento de mesa em mesa para retirar dúvidas técnicas dos alunos e ajudar, quando necessário, fortalecendo o vínculo com as(os) professoras(es) participantes. (Lagoa Santa, 2010, Biblioteca Pública Municipal da cidade). (Foto de Ana Paiva).

Uma ação que tem efeito formidável para a rede de ensino é quando uma equipe que foi capacitada numa dada oficina se prontifica a, terminado o período de aprendizado, iniciar novas oficinas, agora à frente delas – como professores da nova equipe. Essa realização contribui para a autoestima das professoras, motiva as colegas e cria campo para a acessibilidade do conhecimento.

Figuras 29 a 32 – Aprendizado dos primeiros modelos de dobradura e ajuda mútua na equipe do Núcleo. Oficina de Lagoa Santa, 2010. (Foto de Ana Paiva).

A meta em comum de ajudar a rede escolar a se aperfeiçoar e crescer – em conhecimento – pode formar equipe incríveis. A afeição aos alunos, à escola, à localidade de ensino, o bom convívio com a comunidade idem. Tudo isso gera uma *filiação*, que só ajuda ao aprendizado.

Figura 33 – Aprendizagem de um modelo: minilivros de seis folhas, com dobraduras acopladas às capas. São doze personalidades – tais como tímida, esportista, mandona etc. – que definem os pintinhos da Coleção *Uma dúzia de diversão*. Alguns professores adaptaram os minilivros para adjetivos e personalidades de seus alunos, ora mantendo ilustrações sugestivas de animais, ora utilizando desenhos dos alunos. (Foto de Ana Paiva).

A equipe que integrar as oficinas deve compreender que o corpo é um dos lugares que ajuda a *instalar* a linguagem do sujeito – representando estilo, emoção, sensação, argumento, etc. O corpo vivencia experiências e vai traduzi-las para os suportes de leitura. Além disso, os sujeitos (alunos e professores que entrarão em contato com os livros confeccionados) devem estar no centro da enunciação, assim como a linguagem expressiva. Por isso, originalidade, acessibilidade e interação devem ser qualidades valorizadas pelo grupo nas oficinas.

Uma equipe de potencial cultiva e exerce práticas sociais e expande essa experiência para a escrita e leitura, contribuindo para a educação e sociabilidade de seus alunos.

Equipe empenhada consegue tornar inteligível um mundo de ideias literárias aos seus alunos.

O que é ação parceira?

Ao programar uma oficina, não basta ter um professor-oficinista experiente nem um pesquisador ativo à disposição do grupo. O processo criativo estará voltado para formas simbólicas de pensar o mundo – via livros – mas também para o desenvolvimento de potenciais humanos e sociais. Portanto, considerando que os momentos de oficina devem suscitar habilidades das professoras e trânsito de conhecimentos, mais do que só a intenção de executar uma boa oficina e que ter bons registros de pesquisa, o professor mediador e oficinista tem de se apoiar na ação do grupo e nas suas necessidades reais, propondo na estrutura de seu planejamento atividades de participação e diálogo, a fim de que as produções e as mudanças instauradas pela oficina ocorram num sistema integrado, onde cada um percebe sua função e contribuição para o todo (resultado final).

O professor-oficinista não deve chegar com ideias prontas e planejamentos fechados. Afinal, durante a *mudança* – denominação que damos ao processo de criação de um novo acervo escolar – muito do que será produzido sai da interação professores-alunos na sala de aula. Ou seja, parte do que é gerado como resultado final de um conjunto de oficinas de criação de livros artesanais escolares foi composto fora das oficinas, nos intervalos entre aulas. Então, todas as ações de criação devem ter base e planejamento sim, nas oficinas, mas igualmente devem considerar um nível realista da *situação em movimento* – nas escolas, salas de aula, bibliotecas e casa dos professores, nos períodos *off* oficina, quando reflexões e ações podem levar a implementações de projetos pensados nas oficinas, assim como a dúvidas, problemas e buscas por solução.

Os planos de ação de toda oficina escolar devem estar voltados, por conseguinte, para situações existentes. Se possível, devem também favorecer a interdisciplinaridade. As oficinas não devem ser pensadas como uma ação isolada ou apenas como uma amostragem do trabalho de um artista que ensina criação artística, mas sim como um recurso suplementar à aprendizagem e àquilo que as escolas já estão colocando em prática. As oficinas são um extra e, ainda que implementem novidades e mudanças nas atitudes e comportamentos dos participantes, existem como apoio a demandas existentes no núcleo escolar.

Figura 34 – Chamamos de ação parceira a motivação que vai ligar o professor-oficinista aos professores-alunos da oficina porque, com baixo empenho e ausência de vontade de participação, fica muito mais difícil produzir conhecimentos, trocar experiências e transformar o que há para ser alterado na realidade do grupo. Até mesmo por esse motivo, é ainda melhor quando as oficinas surgem de uma chamada social do grupo escolar – e não por iniciativa de um pesquisador ou artista –, dessa necessidade e do reconhecimento de demandas detectadas no ambiente escolar. (Foto de Ana Paiva).

As oficinas não precisam ter caráter estritamente pedagógico; podem percorrer diversos campos do conhecimento e podem ser úteis a abordagens multirreferenciais.

Dialogando, um grupo de professores pode perceber e levantar as principais necessidades daquele momento, que exigem prática, e o planejamento de oficina pode atender às expectativas de um núcleo ou rede de escolas. Todo um debruçamento deve acontecer em prol do que for melhor para as escolas e os alunos. Este é o objetivo de uma oficina organizada: interagir com o que for levantado – respostas, trocas, demandas.

A partir do primeiro contato de convívio social nos espaços de oficina, o ideal é que seja instaurado um campo de cooperação e troca de ideias, a fim de que as tomadas de decisão e reflexões se articulem com o perfil do grupo. Se houver forte distanciamento entre professor-oficinista e os participantes, há uma tendência de que os encontros se tornem mais maçantes, cansativos, menos inspirados e menos úteis. Afinal, oficinas não servem meramente para que quem as ministra teste ideias; elas devem acompanhar os apelos e as problematizações do grupo.

Como realizar um planejamento ou roteiro de metas e produção?

Em primeiro lugar, é necessário optar por um planejamento de formação ou capacitação dos professores e ter apoio das escolas e redes envolvidas – melhor ainda se houver o apoio da Secretaria Municipal de Educação que responde pela localidade. No nosso caso, elaboramos um roteiro de produção de obras literárias de aprendizado brincante, diante da demanda dos grupos de Educação Infantil e Ensino Fundamental. Assegure-se de que os professores serão liberados para algumas horas/aula de oficina sem prejuízo de suas atividades e com aprovação da diretoria das escolas. Selecione pelo menos 50 livros de amostra, mesclando obras nacionais e internacionais, isto é, modelos criativos em formatos, dimensões, fechos, dobraduras e apelos sensoriais, que servirão à observação dos participantes antes da confecção. Selecione obras com narrativas inteligentes, instigantes, originais e endereçadas ao público-alvo de planejamento. Organize tudo aquilo que será necessário levar para os primeiros dias de oficina (*datashow*, cartolinas, cola, tesoura, estilete, material de costura, linhas, etc.). Exemplifique o trabalho que será desenvolvido no período, por aula/encontro, e as metas. Já tendo estimado os gêneros de trabalho a serem confeccionados, faça uma lista detalhada de materiais necessários para a confecção dos livros. Sonde se algumas escolas têm material de artes (extra) disponível. Enumere os reciclados (papelão, caixas de leite e caixas de sapato, etc.) que poderão ser utilizados para a feitura sobretudo de capas e *displays* de exposição das mostras culturais, e também peça algumas caixas transparentes de ovos (*blisters*).

Desde os primeiros esboços de projeto, manifeste que as ações devem dar provas de que os livros artesanais confeccionados vão buscar incentivar o desejo dos alunos pelo manuseio das obras literárias, em seus variados gêneros. Valorize também ações que empreendam o protagonismo dos alunos como coautores, junto ao professor-mediador.

Figura 35 – Detalhe da autoria. Os alunos são produtores da obra, protagonistas na atividade de confeccionar o livro. (Foto de Ana Paiva).

Figura 36 – *Aquarela em quadrinhos*. Livro artesanal confeccionado pelos alunos (desenhos, escrituras e montagem) com auxílio do professor-mediador. Projeto da Escola Municipal Messias Pinto Alves (Alfalendo, 2010). (Foto de Ana Paiva).

Preveja também qual será o espaço de realização das oficinas e o espaço de exibição das produções à comunidade e aos alunos. Dê preferência a locais amplos e com mesas grandes para as oficinas. Em 2010, minhas oficinas para o Projeto Alfalendo, *Viajando em asas de papel*, foram na Biblioteca Pública Municipal Padre Agenor Assis Alves Pinto, em Lagoa Santa. A localização central da biblioteca ajudava a permitir o acesso das professoras e evitava faltas e atrasos. Antes de marcar um espaço para a mostra final dos livros, estime a quantidade de produções, o número de estande por gêneros contemplados, a quantidade de colaboradores que vão poder ajudar na montagem da exposição final, o espaço necessário para a circulação dos visitantes e os recursos que precisará para a organização e ornamentação dos espaços.

Figura 37 – Espaço de realização das oficinas: mesas grandes, ambiente arejado e infraestrutura necessária. (Foto de Ana Paiva).

Figura 38 – Mesas grandes, individuais ou coletivas, ajudam nos dias de oficina e nos dias de circulação das obras de estilo original, quando o professor-oficinista leva estudos de caso de confecção. (Foto de Ana Paiva).

Três exemplos de espaço de exposição de trabalhos pedagógicos (Lagoa Santa, MG):

Figura 39 – O 1º contempla uma mostra de métodos pedagógicos de ensino; o 2º e o 3º ilustram o Alfalendo e sua mostra anual de livros, focando em dois estandes: o de livros-brinquedo e o de contos de terror. (Foto de Ana Paiva).

Exemplo de projeto

Projeto de roteiro-guia aprovado para a Oficina de Lagoa Santa

- Projeto de Oficina para 2010.
- Aprovado pela Secretaria Municipal de Lagoa Santa.
- Projeto demandado pela coordenadora do Alfalendo, para incremento do projeto *Viajando em Asas de Papel*, Exposição de Trabalhos Literários a ser realizada em outubro de 2010.

Título:

OFICINAS DE LIVROS LÚDICOS E LIVRO-BRINQUEDO – PROJETO ALFALENDO

Equipe
- Organizadora: Magda Soares, professora emérita da UFMG.
- Oficinas ministradas pela convidada: Ana Paula Mathias de Paiva.

Período
- Meses do ano: junho a setembro de 2010, reforço em outubro (acabamento).
- Carga horária: 20 h/aula.
- Datas: 11, 18 e 25 de junho; 2 de julho, 6, 20 e 27 de agosto e 2, 9, 16 e 23 de setembro.
- Encontros uma vez por semana.
- Dias de aplicação: sextas-feiras das 9 às 11 horas ou quintas das 17 às 19h.
- Público estimado: 20 professoras *a priori* mas até 30 com convidados da rede.

Local
Biblioteca Pública Municipal de Lagoa Santa. Pela ênfase no incentivo à leitura.

Objetivos
Este projeto de oficina tem os seguintes objetivos principais:
- Criar uma apresentação que produza conhecimento acerca do que é livro artesanal, livro objeto lúdico, objeto estético, livro sensorial e livro-brinquedo.
- Entender a evolução de situações técnicas, plásticas e enunciativas no livro de nova geração que convida as crianças à ação, à apreciação, ao jogo e à brincadeira.
- Obter resultados de criação na produção de livros artísticos, após uma viagem por variedades de gêneros, discursos, conteúdos e formatos discursivos que podem ajudar a incrementar a motivação interdiscursiva na leitura.
- Mais de 50 exemplos de livros lúdicos serão levados para a oficina e, destes, 30 casos entrarão na proposta oficial de oficina passo a passo, ao longo dos encontros.

- Trabalhar sob a perspectiva de uma rede de comunicação, elegendo com as professoras os projetos de oficina mais úteis, a fim de servir a ações e práticas pedagógicas em andamento. Saber o motivo de escolha de cada projeto e valorizar seu utilitarismo (função do livro) e ludicidade.
- Orientar a feitura dos livros correlacionando arte, ludicidade e aplicação pedagógica.
- Contribuir para o extenso trabalho que já vem sendo desenvolvido nos Projetos Alfaletrar, Paralfaletrar e Alfalendo, de modo a cooperar para a revitalização do acervo de livros recreativos das escolas, agora criados pelas professoras em oficinas dirigidas.
- Propiciar uma atividade cultural (produção de livros originais, inventivos, divertidos) inspiradora com ganhos significativos para as habilidades criativas das professoras.
- Desenvolver no grupo a capacidade de fabricar livros partir de recursos (matéria-prima) acessíveis.
- Treinar o grupo de modo que alguns dos livros possam ser realizados pelos alunos em atividades organizadas, coletivas e artísticas, mediadas pelo professor. A cooperação dos alunos será uma forma de integrá-los às atividades lúdicas de criação de livros, de conscientizá-los do que pode ser feito com recursos disponíveis e de compartilhar métodos eficientes para a realização de um livro original e brincante.
- Possibilitar a troca de experiências e a cooperação intelectual entre a Universidade e a Escola, refletindo usos interdisciplinares do livro infantojuvenil no século XXI.
- Estimular as professoras a criar um acervo próprio e inspirador para a escola, com inclusão de livros artísticos, surpreendendo positivamente os alunos e a comunidade nas exposições periódicas promovidas pelo Núcleo de Alfabetização e Letramento.
- Valorizar a figura do professor-mediador, que cria os livros lúdicos e originais para a sua escola, avaliando demandas, representação simbólica e repertório, em parceria com os alunos.
- Recolher relatos para verificar o alcance do processo de produção de ideias.

Resultado esperado
- 30 livros literários de variados gêneros, de realização simples ou média.
- 15 livros de maior grau de dificuldade de produção e forte apelo visual.
- Criação de alguns *displays* artesanais de exposição dos livros e móbiles.
- Livros produzidos colaborativamente por professores e alunos da rede municipal (seleção de temas, produção de textos, ilustração, montagem e acabamento final).

Instalações
- Salas com mesas grandes.
- Salas bem iluminadas e arejadas.
- *Datashow*.
- Banheiro próximo.
- Lixeiras e bebedouro próximos.

Material para as oficinas
- Cola tradicional e cola quente, tesoura, estilete, régua, lápis, cartonados de embalagens reaproveitadas, folhas A4 brancas e coloridas, papel fantasia, revistas e jornais usados, fitas coloridas, elásticos, clips, velcro, linha resistente, agulha grossa, alguns recortes de letras e imagens, babados, adesivos (opcionais), uma caixa plástica de ovo (*blister*), uma caixa de leite reaproveitada e retângulos de papelão reciclado.

Referências de trabalho e pesquisa
- Oficinas de livro experimental já realizadas de 2005 a 2007 em Mostras de Design Gráfico e Produção Artística. Além de aulas de produção de livros de 2002 a 2010.
- Experiências no Fundo Internacional do Livro de Arte-Criação (FILAC), França, 2003.
- Oficinas de livro infantojuvenil (Faculdade UNI-BH), disciplina Produção de Livros.
- Participação no salão *Lire em Fête*, Parc Channot, Marseille, França, 2003.

- Autoria da obra *A aventura do livro experimental*, EDUSP/Autêntica, 2010.

Exemplo de cartaz-convite para as oficinas.

Figura 40 – Oficinas ministradas em 2010 por Ana Paula Paiva. (Projeto gráfico Carlos de Faria).

Figura 41 – Folder de chamada para a inscrição nas oficinas. Pode ser afixado em murais, por exemplo.

Figura 42 – Exemplo de certificado que pode ser distribuído aos professores participantes que cumpriram carga horária devida nas oficinas de produção de livros.

Figura 43 – Exemplo de convite para a exposição de produção de livros, aberta à comunidade. Pode ser impresso e distribuído nas escolas e espaços de divulgação ou enviado por e-mail. A SEGUIR, A PROGRAMAÇÃO.

Capítulo II – Confecção de livros para a sala de aula: sugestões práticas

PROGRAMAÇÃO:
ALFALENDO 2010
VIAJANDO EM ASAS DE PAPEL

III ALFALENDO - 2010, outubro
OBJETIVO
Apresentar à rede e à comunidade as atividades de leitura literária desenvolvidas pelos alunos — Educação Infantil e cinco primeiros anos do Ensino Fundamental.
TEMA CENTRAL
Gêneros da literatura infantojuvenil
SUBTEMAS
- contos clássicos
- fábulas
- histórias em quadrinhos
- contos de terror
- poesia
- livros de imagens
- livros-brinquedo

Para obter mais informações: Juliana Storino <juliana.storino@gmail.com>

PROGRAMAÇÃO
a. Abertura da exposição: 6 de outubro.
b. Exposição dos trabalhos em estandes, durante os dias 6, 7 e 8 de outubro.
c. Apresentações, em auditório, de alunos, durante o dia 6 de outubro:
Duas apresentações no turno da manhã: alunos dos grupos 1 e 2 de escolas (uma apresentação por grupo);
Três apresentações no turno da tarde – alunos dos grupos 3, 4 e 5 de escolas (uma apresentação por grupo). Verificar nas escolas o agrupamento das escolas, feito pelo critério da localização, e o gênero que cada grupo deve assumir como gênero central da apresentação.
d. Encerramento da exposição às 17h do dia 8 de outubro.
e. Recolha dos trabalhos das 17h às 18h30min.

O Núcleo não se responsabilizará por trabalhos não recolhidos no período entre 17h e 18h30min.

PRINCÍPIOS ORIENTADORES
1. Haverá no local da exposição uma distribuição de estandes, um para cada um dos gêneros (subtemas).
2. A mesma escola pode apresentar trabalhos em quantos estandes desejar.
3. O gênero atribuído a cada grupo de escolas, para a apresentação em auditório, deve ser considerado como gênero-base: ele define o texto gerador e central da apresentação, que pode incluir outros gêneros. As apresentações devem, de preferência, reunir alunos das escolas do grupo.

Para obter mais informações: Juliana Storino <juliana.storino@gmail.com>

LOCALIZAÇÃO DO EVENTO
Escola Municipal Prof. Claudomira

PASSO A PASSO DA PROGRAMAÇÃO

10h40min
Apresentação dos grupos **1**, **2** e **6**:
Grupo 1
Teatro: A rosa e a borboleta
- E.M. Cel. Pedro Vieira
- E.M. de Lapinha
- E.M. Nilza Vieira

Grupo 2
Teatro: A Primavera
- E.M. Messias Pinto Alves
- E.M. Mércia Margarida

Grupo 6
Teatro: Filó e Marieta
- E.M. Dona Naná
- Centro de Educação Infantil Menino Jesus
- E.M. Antônio de Castro
- Creche Nossa Senhora de Belém

14h30min
Apresentação dos grupos **3**, **4** e **5**:
Grupo 3
Teatro: O patinho feio e seu retorno
- E.M. Odete Valadares
- E.M. Dona Aramita

Grupo 4
Entrevista e Recital: Poetizando
- E.M. Dona Santinha
- E.M. Dr. Lund
- E.M. Prof. Claudomira
- E.M. Dona Maria Augusta

Grupo 5
Teatro: A quase morte de José Malandro
- E.M. Prof. Mello Teixeira
- E.M. Dona Marucas
- E.M. Herculano Liberato

Para obter mais informações: Juliana Storino <juliana.storino@gmail.com>

III ALFALENDO

Grupo 1
FÁBULAS
E.M. Cel. Pedro Vieira
E.M. de Lapinha
E.M. Nilza Vieira

Grupo 2
HISTÓRIAS EM QUADRINHOS
E.M. Messias Pinto Alves
E.M. Mércia Margarida

Grupo 3
CONTOS CLÁSSICOS
E.M. Odete Valadares
E.M. Dona Aramita

Grupo 4
POESIA
E.M. Dona Santinha
E.M. Dr. Lund
E.M. Prof. Claudomira
E.M. Dona Maria Augusta

Grupo 5
CONTOS DE TERROR
E.M. Prof. Mello Teixeira
E.M. Dona Marucas
E.M. Herculano Liberato

Grupo 6
IMAGEM
Centro de Educação Infantil
Menino Jesus
E.M. Dona Naná
E.M. Antônio de Castro
Creche Nossa Senhora de Belém

LIVROS-BRINQUEDO PODEM
SER APRESENTADOS POR TODAS
AS ESCOLAS NO ESTANDE
APROPRIADO.

FINALIZAÇÕES
17h Encerramento da Exposição
Das 17 às 18h30min: Recolhimento do material exposto

Para obter mais informações: Juliana Storino <juliana.storino@gmail.com>

O que o fazer literário coloca em jogo?

- Parcerias.
- Arte e criação.
- Relações humanas.
- Troca de experiências.
- Necessidades do grupo.
- Conhecimento da estrutura do livro.
- Aprendizado de divisão de tarefas no tempo.
- Competências e habilidades motoras e imaginativas.
- Vivência de soluções práticas para demandas existentes.
- Gêneros e temas variados aplicados a suportes de leitura afins.
- Observação de recursos disponíveis para a criação literária.
- Entre outros fatores e benefícios.

Reunir um grupo de professores ao redor de questões que lhes interessam cria vínculo e relação. Criar oficinas de criação de livros escolares é diferente de montar oficinas de livros artísticos-experimentais. Cada demanda merece um tipo de roteiro e projeto.

No caso da produção de livros para acervo escolar, é muito importante desenvolver práticas que valorizem a relação que o professor mantém com a literatura: gêneros, temas, autores, etc. A oficina não deve começar como um *tiro no escuro*, apenas reunindo a prática de quem ministrará as aulas. Tudo que vai mover as ações, o fazer editorial-literário, deve ter significado na conjuntura de demandas do grupo a ser atendido.

Sendo assim, a prática de feitura de livros deve privilegiar um prazer de contato com as obras de referência, que servem de modelo à construção de estruturas em papel, plástico e EVA – basicamente – e que orientam trabalhos com capas e miolos. Deve-se valorizar um prazer de contato com gêneros de leitura que atraem e encantam os alunos, segundo depoimento de professores, bibliotecários ou assistentes de biblioteca.

Espera-se que as produções realizadas não fiquem distantes do manuseio autônomo dos alunos nem de suas preferências. Há um desejo de que os livros fabricados estimulem a psicomotricidade, a sensorialidade, as habilidades ficcionais-imaginativas e o diálogo com os leitores.

A criação e o fazer editorial-literário também colocam em jogo temas variados, a atratividade de formatos de leitura, os usos da linguagem aplicados, os desafios de sintaxe, a originalidade da produção de textos e ilustrações, entre outros aspectos.

Enquanto se pensa na feitura de um livro, simultaneamente reflete-se o endereçamento da obra, sua aplicação no planejamento escolar, sua função – entre as funções do livro, tais como dar suporte à informação, entreter, registrar, autenticar, mediar, ilustrar, resgatar, fecundar ideias, etc.

Os momentos de oficina suscitam habilidades das professoras em artes, edição, planejamento, organização de materiais e elementos de composição. Tais chances devem ser aproveitadas ao máximo na atividade prática de confecção de livros. Nas oficinas de Lagoa Santa, por exemplo, eu notava que as professoras conseguiam muitos materiais ilustrados em revistas, os quais algumas vezes eram reaproveitados para fundos de imagem ou ilustração sobreposta – com desenhos infantis – e os resultados podiam ser incríveis em originalidade, contando com materiais acessíveis e reciclados, como no caso do *Alfa Quadrinhas*.

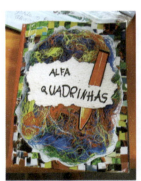

Figuras 44 a 47 – Este projeto do Alfalendo 2010 reaproveita revistas, utiliza *origami* para criar imagens nas página pares, cria destaque para as letras do alfabeto, associa as letras aos nomes dos alunos e aproveita ilustrações das crianças, além de incentivar a produção de textos – de quadrinhas, comentários e parlendas. (Fotos de Ana Paiva).

O fazer literário também aciona o lado de mediador dos professores, pois na duração de suas criações, no tempo dedicado de oficina, eles naturalmente refletem se a obra que estão criando vai atrair seus alunos. O professor deseja que seus alunos desfrutem das criações que irá mediar. Isso ativa uma busca por materiais, cores, formatos diferenciados e especiais. Inspira também uma busca por textos apaixonantes, comoventes, surpreendentes, cômicos, originais.

Outra reação costumeira quando trocamos os livros prontos – comprados ou disponíveis no mercado editorial – pelos que vamos fazer é a percepção de que o livro é um suporte de leitura que concorre com outros meios de comunicação e discursos do mundo atual. Por isso mesmo, nossas criações devem ser atrativas, acessíveis, se possível interativas ao universo infantojuvenil, podem ser recreativas, prazerosas e devem despertar identificação, envolvimento, curiosidade e aproximação do leitor-criança.[24]

A realização e seus desafios nos põem diante entrecruzamentos contemporâneos: livros infantojuvenis que trabalham não só com o texto informativo ou com o texto literário, mas com mixagens – como é o caso da coleção de livros-bolsa da Editora Ullmann, de autoria de Paul Hanson.

Figura 48 – Livro de referência (produção estrangeira) e livro-brinquedo confeccionado em oficina pela professora Marcia Cristina Freitas, da rede (Núcleo de Alfabetização e Letramento de Lagoa Santa), em 2010. Este livro explora possibilidades comunicativas e escritas do cotidiano. O apelo visual de bolsa chama muito a atenção das crianças. Parte da coleção inclui as bolsas da mãe e da avó e a maleta do pai. (Foto de Ana Paiva).

---

[24] As conjecturas mudam se o público for adulto, por exemplo, numa oficina de livros experimentais.

Figura 49 – Livro-bolsa com cartas, postais, tirinhas, postais, documentos, agenda, contas, receitas etc. Montagem - oficinas de Lagoa Santa, 2010. Este suporte de leitura, especificamente, trabalha com a linguagem lúdica e com conhecimentos práticos comunicativos visualizados na materialidade de escrituras cotidianas. (Foto de Ana Paiva).

Figura 50 – Livro *Omis Handtasche*, de Paul Hanson (Ullmann, 2007). Quando optamos por confeccionar livros infantojuvenis, devemos sair em campo, em busca de novidades e daquilo que vem criando envolvimento com os leitores que temos em mente. É elucidativo perceber as formas comunicativas que vão criando gosto pela leitura e *passagem* para a leitura literária. Disponível em: <http://goo.gl/evbcmB>.

Muito válido nos períodos de oficina é motivar que professores percebam o quanto seus alunos têm voz própria, uma bagagem cultural, expectativas, anseios e uma singularidade. Uma vez que os olhos do professor foquem no aluno, muito pode ser redirecionado, com sucesso, para o fazer literário nas oficinas de criação. Afinal, as relações com os leitores estarão ativadas. Assim, os temas, as abordagens, os personagens e as histórias poderão se conectar muito melhor com a realidade do público que vai usufruir deste acervo de livros artesanais.

Talvez você entenda o que vou sugerir agora... construir, confeccionar um livro com a participação dos alunos, considerando os diferentes estágios pelos quais passa um leitor, pode ajudar a despertar nos seus corações e mentes um amor a estes objetos, bens culturais, assim como pode potencializar um gosto pela literatura – pela via do ouvir, ler e fazer (produção de textos e de ilustrações) e pelas artes, pela construção de sentidos, enfim.

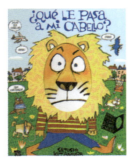 

Figuras 51 a 55 – Imagens de oficinas com crianças espanholas da Educação Infantil, na escola Teresa Íñigo de Toro (Valladolid, 2012). Livro de trabalho (lúdico): *Qué le passa a mi cabello?*, obra de Satoshi Kitamura. Primeiro a contação de histórias; depois a oficina. (Fotos de Ana Paiva).

Momentos de elaboração da oficina de livro tátil realizada na Educação Infantil (Espanha, 2012):

Figura 56 – Uso de rolinhos de papelão e durex. (Fotos de Ana Paiva).

Figura 57 – Aplicação de papéis coloridos para efeito de ilustração atrativa. (Fotos de Ana Paiva).

O fazer literário coloca em jogo muitas emoções, aprendizados e parcerias:
- Reúna bons livros, bons argumentos e crie vivência de leitura.
- Ressalte para as crianças características dos personagens e dos ambientes descritos.
- O modo como o pensamento atinge as histórias pode criar entendimento/identificação.
- Inclua na sua seleção de leitura, que antecede as oficinas de criação de livros, obras corriqueiras, mais conhecidas, e obras novas, de transição, inovadoras, nacionais e estrangeiras.
- Brincar tem função, pode ser artístico e educativo – leve essa noção às oficinas literárias escolares.
- Brincando a criança pode conseguir fazer o que não faria em outra situação.
- Ressalte os lugares de sentido dos livros explorados.
- Observe quando as imagens são a narrativa e quando complementam o texto.
- Estimule as crianças a fazer desenhos dos personagens, dos ambientes e das versões narrativas.
- Mostre à turma a linguagem em ação (rimas, trava-línguas, *causos*, piadas, contos, etc.).
- Aprecie a interação infantojuvenil com os livros como uma forma de orientação de alcance aos conteúdos e lógicas de sentido.
- Produza livros que incentivam o hábito e iniciações de leitura.
- Valorize o empenho, as competências e as habilidades dos alunos nas oficinas literárias.
- Ensine aos alunos o que é sobrecarregar um texto; ofereça exemplos.
- Crie livros de apelo sensorial, que despertam para o contato e a aproximação direta.
- Brinque com os jogos de significação em oficinas de linguagem paralelas.
- Observe as funções do livro e faça correções, se preciso, para a faixa etária que deseja atender. Por exemplo, para bebês, não rejeite o magnetismo do livro-brinquedo.

- Incentive o protagonismo dos alunos na confecção dos livros artesanais escolares.
- Valorize formatos e conteúdos que criam atratividade no leitor-criança.

Antes do início das práticas de confecção de livros, leia muitas histórias para os alunos

Valorize "De onde as histórias vêm?": a criação literária dos alunos pode beber na fonte da imaginação infantojuvenil ou mesmo em suas lembranças, memórias, bagagem. As ideias pessoais podem ajudar ao ato de escrever e virar boas histórias, com personagens, ações, ambientes e desfechos criativos. O professor pode mediar esse aprendizado que perpassa o mental, o oral, a produção ilustrada e a produção escrita – dependendo das séries.

Valorize bastante as versões, as adaptações e as reinvenções das histórias conhecidas: sabemos que as histórias podem ser interpretadas e contadas de mais de uma maneira. As versões põem em jogo a invenção, a criatividade e as habilidades mentais para operar com a recriação de um texto conhecido – às vezes entra até o humor. Inicie essa atividade apresentando aos alunos versões de uma mesma história e depois coloque na roda perguntas a respeito de semelhanças e diferenças que perceberam entre as narrativas. Motive os alunos, sempre que possível, a produzir suas versões individuais ou em grupo, valorizando os pontos de vista diferentes. Encoraje os alunos. Provoque com frases: "Como seria esta história se..."

Leia sempre para os seus alunos, para que eles formem uma biblioteca mental (de acervo para novas histórias).

Estimule via atividades o desenvolvimento de competências narrativas, para que na prática das oficinas os alunos saibam criar estruturas de livros, com mediação do professor, além de tramas, personagens, ambientes e originais ações literárias. O conhecimento necessário para isso começa com o acesso a boas e diversificadas histórias. E não desvincule os desafios do prazer (enorme) que o fazer literário pode proporcionar.

Figura 58 – Professora que participou das oficinas de produção de livros em 2010 e que, um ano depois, sentindo-se mais capacitada e motivada para essa prática, virou professora-oficinista da rede em 2011 (Lagoa Santa). (Foto de Ana Paiva).

O que cabe num livro? Oficinas de criação voltadas à diversidade de gêneros

O que cabe num livro é uma pergunta de respostas amplas. Cabe um mundo, a imaginação da gente... Um livro é muito mais do que apenas um conjunto de páginas alceadas e montadas como suporte de leitura.

Quando uma oficina está para começar vários são os elementos ou ingredientes que pensamos em colocar nos livros – no caso, literários:

- Uma tipologia (letras) clara, bem legível.
- Uma diagramação agradável, que valorize espaços em brancos e realces visuais.
- Um formato atrativo para as crianças, desde o primeiro olhar.
- Um papel ou substrato de leitura resistente ao manuseio direto.
- Cores alegres, vivas, intensas, brincantes, em unidade com o tema.
- Uma capa que condense o gancho da história e convide ao manuseio da parte interna.
- Um expediente que possa enumerar as autorias, se possível incluindo professores e alunos.
- Um volume (quantidade de páginas) apropriado à faixa etária em peso e densidade de conteúdo.

- Ilustrações originais, se possível divertidas, surpreendentes ou marcantes, expressivas.
- Um texto com uma linguagem organizada e criativa para a faixa etária pretendida.
- Gêneros diversos, ricos em situações comunicativas e enunciados literários – variados em prosa, verso e narrativa por imagem.

O que cabe num livro? Conteúdo, mensagens, ilustrações, formas. Também os sentimentos, as interpretações, as ideias de infâncias dos coautores alunos e professores-mediadores.

Figura 59 – Trabalho ministrado pela professora Ana Paula Paiva em oficinas de EJA (Ensino de Jovens e Adultos, FAE-UFMG). Concepção em folder e *pop-up* da aluna Fernanda Oliveira. (Fotos de arquivo pessoal da professora).

Como exemplo de informação contemporânea circulante, o site Garatujas fantásticas[25] lança periodicamente uma cartilha de arte denominada *Olha, eu que fiz!*. A iniciativa valoriza artes manuais e a

---

[25] <http://garatujasfantasticas.com/>.

Capítulo II – Confecção de livros para a sala de aula: sugestões práticas   111

expressividade dos pequenos aliada à mediação de um adulto. Editoras como a Cosac Naify, por sua vez, têm investido em seções de livros infantojuvenis interativos, que propõem inúmeras atividades para aguçar a criatividade do leitor, reforçando a ideia de autonomia e o gosto pela leitura lúdica – exemplos são as obras *Rabiscos – um livro para pintar e desenhar*, texto e ilustração de Taro Gomi (1. ed. 2009); *Minha avó, sua avó*, texto de Florence Noiville e ilustrações de Christelle Enault (1. ed. 2013); e *O livro da Nina para guardar pequenas coisas*, de Keith Haring (1. ed. 2010). Essas obras extrapolam o modo de contar histórias, seja pela arte-composição, seja pela maneira como chamam o leitor a um protagonismo na leitura. Alguns deles, enquanto são lidos, criam espaços estimulantes para que o leitor-criança desenhe, pinte, cole fotos dos amigos, registre cartas e lembranças, monte uma árvore genealógica, cole fotos, escreva receitas especiais, complete cenas ilustrando, etc. Outros autores (estrangeiros), como Alisa Golden (*Expressive handmade books*), Gwen Diehn (*Books for kids to make. Making books that fly, fold, wrap, hide, pop-up, twist and turn*) e Gabrielle Fox (*The essencial guide to making handmade books*), criaram obras que ensinam o passo a passo de confecção de livros artesanais. Todas essas obras, em seus estilos, podem ser observadas no período que antecede o início de oficinas de confecção de livros. Serão de grande valia.

Figura 60 – *Petit livre zen*. Livro realizado em oficina de artes manuais (França, Marselha, 2003). (Foto de Ana Paiva).

Quando compramos um livro ou seleciona uma obra para a leitura e apreciação, estamos tentando nos relacionar com algo que supera a materialidade do papel. Um pensador me ensinou que: "As coisas, elas próprias, não satisfazem" (Culler, 1999)[26].

Um livro infantil ou juvenil pode atrair uma criança por seu efeito de signos conjugados, ora por um suplemento material semelhante a um brinquedo, ora por imagens que funcionam intermediando conhecimentos e sensações. Livros podem ainda ser como substitutos de presença; e, assim, nos fazer uma espécie de *companhia*. O autor Michel Picard (2009)[27] acredita, inclusive, que "[...] às vezes a criança vai atrás de um livro que tem outra aparência, que não se parece com um livro", onde o valor de suplemento ocupa um lugar significante: brincar! Se divertir! Se comover!

Muitos são os artistas gráficos que hoje em dia têm conseguido desenvolver obras lindíssimas e de conteúdo instigante para o mercado infantojuvenil de leitores. Formas de grande atratividade, originais e afins aos temas narrativos podem ajudar a criar aproximação leitora e interesse pelos conteúdos trabalhados.

Yusuke Oono é uma artista gráfica que às vezes levamos às oficinas; ela consegue desenvolver mais do que uma forma para seus livros. A artista aprendeu a criar livros de grande apelo visual sem abandonar a força da narrativa (imagética). A seguir, exemplo de capas tradicionais e miolos-cenários originais.

---

[26] CULLER, Jonathan. *Teoria literária: uma introdução*. São Paulo: Beca, 1999.

[27] PICARD, Michel. *Esto no es um libro. Juegos y ejercicios filosóficos para estimular la mente*. Barcelona: Oceano, 2009.

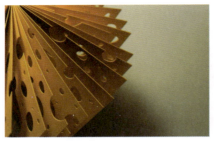 

Figuras 61 a 64 – Obras variadas da artista Yusuke Oono. Disponível em: <http://goo.gl/bEUx0C>.

Quando a criança se aproxima de um livro sensorial, interativo ou de um livro-brinquedo e enxerga o objeto, a diversão, ela deseja saber o que tem dentro, o que ele faz. Então, manipula, explora, entra em contato com uma linguagem que pode ter dimensão, volume, cor, forma, textura, peso, expressão. Mas se o livro não cria uma luz, um *acendimento*, uma possibilidade para o imaginar, então a relação entre palavras, formas, escrituras e objetos perde uma necessidade, um desejo, se esvazia.

Em alguns livros contemporâneos artísticos há escrituras com o esconde-esconde, há sugestões do que há para ser visto via interação, há chamadas à irreverência – como se observa na divertida obra interativa *O que tem dentro da sua fralda?,* da Editora Brinque Book, e na série original da Gaudi Editorial: É um caracol?, É um gato?, É uma rã?, e É um ratinho?, de Guido van Genechten. Um conjunto de componentes se fundem em composição reinventando percepções do mundo para abranger assuntos e temas de alcance ao interesse das crianças – nesses casos.

Sempre que alguém tem acesso a alguma coisa para além de suas próprias ideias ou expectativas, pode haver um abalo. A variedade de conhecimento, os embates, os ruídos e as provocações, no entanto, também têm poder de ampliar repertório e noções. Os modos pelos quais a linguagem se organiza criam, no leitor-criança, chances de observar resultados de apropriação do discurso para situações específicas, e até mesmo a noção do verossímil, ou seja, daquilo que se constitui como uma verdade ou possibilidade a partir de sua própria lógica.

Lembram de Manuel de Barros no *Livro das ignorãnças* (2000)? Em momentos diferentes o autor usa a linguagem para *brincar*: "Qual parte da noite umedece primeiro?"; "Eu desenho o cheiro das árvores"; "Não tem altura o silêncio das pedras". "O verbo tem que pegar delírio [...] e quando a criança muda a função do verbo, ele delira". Tudo isso cabe num livro... [Carol, uma menininha que estuda na Escola Pupileira, no Horto (Belo Horizonte), outro dia também falou, expressiva: "Meu nariz estragou". Ela estava muito resfriada.]

Figura 65 – Coleção Ache o bicho, de Svjetlan Junakovic (Cosac Naify, 2004, 6 v.). Brincadeira visual e impulso de apropriação: a expressividade da linguagem visual pode criar atenção, adesão e vontade de contato com o livro. (Foto de Ana Paiva).

Mas afinal, onde está a literatura? Ela pode surgir nas artes, na oralidade, em livros impressos e *on-line*, nos bens culturais ou exposições, nas relações e vivências, por exemplo. O fazer literário empreendido nas escolas também pode criar a materialidade do livro e a força expressiva da literatura, entre a apreciação de objetos (formatos, volumes, dimensões, estruturas, cores, diagramação, etc.) e a organização ou arranjo de elementos estéticos e com conteúdo literário. Parte da literatura também está naquilo que os leitores – ou ouvintes – concretizam, aproveitam ou naquilo de que se apropriam, ou seja, num *campo de convergências*.

Figura 66 – Obra *Quando eu nasci*. Criação de Madalena Matoso, Prêmio Nacional de Ilustração em 2008. Num livro cabem ideias, ficção, musicalidade, formas, cores e uma infinidade de pensamentos e surpresas. Disponível em: <http://goo.gl/4heu22>.

Há objetos com traços que o tornam literário e contextos que nos fazem tratar objetos (estético) como literatura. Algumas vezes, o lado objetal do livro pode inclusive ser a chave para encontrar a entrada da leitura, principalmente quando estamos confeccionando livros para crianças.

Ratificando Ligia Cademartori (2010, p. 17),[28] no capítulo "Que gênero é esse?": "Uma das marcantes transformações pelas quais passaram os livros destinados ao público infantil, nos últimos anos, é a interação entre as linguagens visual e verbal: imagens e palavras dividem o espaço no livro e disputam a atenção do leitor". Ademais, poderia ser dito que a interação inclui agora a linguagem sensorial e seus estímulos e efeitos para a criança não letrada e em inicialização desse processo. O leitor-criança pode ainda não saber o que é gênero, enredo, narrativa, mas apreende com sequências, lógicas visuais, sensações táteis e com descobertas do objeto (livro). Quando a criança sente "o livro é meu" ou deseja um contato com o livro é porque ela viu vínculos nesse objeto, teve disposição para explorá-lo, sentiu seu apelo, quis manuseá-lo, teve curiosidade, sentiu desafio, curiosidade, intimidade com o objeto. Flechada para a fantasia e ação experimental do manuseio direto, é a criança, sempre, que deve junto com os mediadores escolher seus livros, pois incentivada ela sabe manifestar o que dá asas à sua leitura e/ou apreciação.

Ainda está na dúvida quanto ao que cabe num livro? Podemos colocar dentro de um livro confeccionado artesanalmente a LINGUAGEM e esse conceito é imenso... você se dá conta? A linguagem é qualquer

---

[28] CADEMARTORI, Ligia. *O que é literatura infantil*. São Paulo: Brasiliense, 2010 (Coleção Primeiros Passos).

meio sistemático de comunicar ideias e sentimentos através de signos – sonoros, visuais, táteis, gestuais, olfativos, gestuais, corporais, etc.

Na hora de decidir o que colocar dentro do livro, importa sobretudo a valorização do jogo com as palavras, letras, sons, formas expressivas e a observação dos discursos em processo na vida cotidiana ou imaginário-leitor. Discurso aqui compreendido não como algo estritamente referencial ou formal, mas também como linguagem vivencial, partilhada, permutada, expressiva e que em suas generalidades e particularidades nos ensina sobre suas funções, características, estrutura e funcionamento nos atos de uso, na duração dos aprendizados e convivências.

Figura 67 – Miolo de um livro artesanal de poesia (Alfalendo, 2010). Mescla de texto, ilustração e ornamentos em relevo para incrementar a construção literária de sentidos. (Foto de Ana Paiva).

 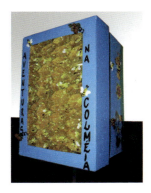

Figuras 68 e 69 – *Na colmeia* (Alfalendo, 2010). Um suporte com cinco livros em prosa. A tampa-capa é a colmeia. O livro é composto de abelhas em marzipan, papel celofane, papelão, cartolina, colagens e texto manual. (Fotos de Ana Paiva).

A expressão do jogo, do lúdico, do interativo e/ou do brincante pode surgir em imagens, relevos, montagens, animações, cenários ou numa rima impressa, ora ao lado do desenho que dança em eco visual, ora na página que salta em *pop-up*, ora no personagem felpudo que se abraça num livro-brinquedo, ou em elementos conjugados. Apesar dessa percepção aberta ao diálogo, selecionar o que entra num livro exige uma antecipação, um planejamento e uma rigorosa organização da linguagem. Como forma de ação, há palavras e imagens que nos jogos de linguagem incitam o leitor. Imperativos e vocativos são ferramentas desse tipo. Interjeições e onomatopeias são expressões práticas (pragmáticas) sobre algo intuído, apreendido, codificado. A linguagem pode assumir um valor surpreendente no texto – como signos motivados! Ferramentas que na infância soam como um *abracadabra! Abre-te, Sésamo!*

Breves exemplos do que cabe num livro:

Figura 70 – Brincadeiras visuais e táteis [a boca deste lobo abre e fecha conforme o leitor articula as as páginas]. Obra de: GUIBBAUD, Christian. *Le petit chaperon rouge. Une histoire à toucher.* Paris: Milan Jeunesse 2007. (Foto de Ana Paiva).

Figuras 71 e 72 – Foco: percepções visual, sonora e tátil, a exploração do objeto (livro) e o treino de reações simples motoras de pegar, mexer, abrir, fechar. Público-alvo: 0-3 anos. Os elementos estimulam a coordenação óculo-manual, que visa o aperfeiçoamento da ligação do campo visual à motricidade, desenvolvendo habilidades de concentração e maior precisão nos movimentos. (Fotos de Ana Paiva). Disponível em: <http://goo.gl/VeLuqx>.

Figuras 73 e 74 – *A flor amarela*. Livro artesanal de poesia, no estilo janela mágica (Alfalendo, 2010). Poesia, musicalidade, ritmo, cor, surpresa visual, interatividade. (Fotos de Ana Paiva).

Figura 75 – *O meu primeiro alfabeto*. (Alfalendo, 2010). São minilivros criados em oficina, que valorizam o aprendizado associativo entre letras e nomeações, forma e conteúdo; apresentam os numerais de 1 a 10, a noção de conjunto (número e quantidade correspondente de elementos ilustrados) e o reconhecimento de sequência. (Foto de Ana Paiva).

Figura 76 – *A casa dos ratinhos*, livro cenário de Maria Jose Sacre (Salamandra, Prêmio FNLIJ 2006). Disponível em: <http://goo.gl/kic6vJ>.

Mediação:
- Observação da ordem estrutural e significado do conjunto (obra).
- Observação do todo, do conjunto, e das partes constitutivas (cenários e personagens móveis/destacáveis).
- Observação da ordem das coisas no ambiente/cenário.
- Observar se há personagens e papéis. Dialogar com os alunos.
- Observar o que é evidente/dado e o que pode ser complementar à narrativa.
- O que vemos? Casa? Faz de conta? Meninos e meninas? Família? Trocar ideias com os alunos.
- Se quiser, usar balões de texto para representar as falas dos personagens.

(Alfalendo, 2010.)

Figuras 77 a 79 - *Bichos da fazenda*, mais um livro-brinquedo produzido para o Alfalendo 2010, pela Creche Nossa Senhora de Belém. Formato, composição, ilustração e palavra-chave afins a um habitat, ambiente, sons e expressões próprios da fazenda. Os livros, de seis páginas cada, assumem um formato leve para a Educação Infantil. (Fotos de Ana Paiva).

Figuras 80 a 84 – *Os três porquinhos*. Livro artesanal confeccionado para a exposição *Viajando em asas de papel*, 2010. (Fotos de Ana Paiva).

Num livro cabem artes e técnicas, materiais, dimensões, volume, peso, texturas, formas de escrita, ilustrações, meios sonoros e táteis, prosa e poesia, jogos e diversões. A noção de literariedade nos ensina que num livro podem caber muitos arranjos, desde que mantenham viva a relação com as necessidades dos gêneros – e então os livros podem assumir formas novas e variadas, alternativas ao convencional, ou tradicionais, sem danos aos leitores.

A aprendizagem através do jogo é algo que cabe nos livros infantojuvenis

Figura 85 – Jogo textual. Páginas do livro *Bichos tipográficos*, de autoria de Guilherme Mansur (Sabará, MG: Edições Dubolsinho, 2007). Um som pode nos lembrar um bicho; um desenho pode nos conectar a uma ideia; um registro visual pode sugerir uma letra ou imagem associativa; uma forma pode referenciar um espaço etc. Na ludicidade há uma abertura influente para a reflexão de diversas funções da linguagem.

JOGOS CANTADOS

Lá em cima do piano
Tem um copo de veneno
Quem beber morreu
O azar foi seu.

O jogo e o brincar criam uma esfera temporária, simultânea ao real. Provocam sensações variadas e, na maioria das vezes, imprimem prazer e solidariedade nos sujeitos participantes, que se compenetram. É comum que uma criança responda que gosta de brincar "porque gosta". Simples assim. Algo como: "brinco, logo existo".

Na obra *Aprendizagem através do jogo*, de Juan Moreno Murcia,[29] comenta-se que a brincadeira e o jogo supõem movimento, a maior expressão de vitalidade nos seres vivos. E, na infância, uma suprema manifestação de energia parece sugerir a necessidade de liberdade de expressão e participação ativa. A atividade lúdica interessa às crianças, porque representa momentos mais livres, espontâneos e recreativos,

---

[29] MURCIA, Juan Antonio Moreno. *Aprendizagem através do jogo*. Porto Alegre: Artmed, 2005.

onde quase sempre há desenvolvimento corporal, motor e socioafetivo. A aprendizagem lúdica organiza situações que aproximam conteúdos e necessidades das crianças.

No caso dos jogos há uma aprendizagem de normas de comportamento na participação. Afinal, o jogo é gerador de cultura e uma constante nas civilizações. Tudo que hoje jogamos está ligado à cultura dos povos, suas crenças, seus costumes e sua história. Uma das funções do jogo é vincular os participantes ao prazer de uma situação compartilhada. Segundo Murcia (2005, p. 10), "o jogo potencializa a identidade do grupo social, contribui para fomentar a adesão e a solidariedade". Diferente da compenetração do estudo e do trabalho, o jogo na infância ensina valores, treina a atenção e a memória, valoriza habilidades motoras, enriquece a personalidade participativa e prepara para os desafios – tudo mais descontraidamente.

Fabricar um livro também pode ser uma atividade similar. Tudo vai depender de como o planejamento será conduzido. Observe. Jogos têm conteúdo, objetivos e estratégias, ensinam táticas e tomadas de posição, exercitam o autocontrole e podem colocar a criança como protagonista de seu aprendizado. Jogos podem ainda propiciar realização pessoal e coletiva. O conceito de jogo também se refere a movimento, espontaneidade, alegria, lazer, representação, ludicidade, entretenimento, passatempo, competição, aventura, brincadeira, espetáculo e simulação. No grego clássico, jogo se refere à infância e à educação das crianças, a bom humor, à diversão, aos brinquedos e a "criancices". No antigo alemão, jogo (*Leich*) também pode se relacionar à dança e a exercícios corporais. No Dicionário da Real Academia Espanhola, jogo (*juego*) é ação e efeito de jogar, exercício recreativo submetido a regras, e ação deflagrada espontaneamente pela mera satisfação que representa.

A intenção do jogo é a diversão, e seu aspecto atraente-lúdico se cultiva pelo prazer que proporciona. Em meio a outras atividades consideradas mais sérias pelos adultos, a vivência do jogo mescla seriedade e alegria, divertimento e responsabilidade, atenção e relaxamento. E entre os adultos – inclusive na mediação de atividades – o jogo também distrai e desafoga de obrigações cotidianas em suas mais variadas formas de convite e elaboração tática.

Brincar e jogar inclui regras e improvisos, o que estimula a memória e reflexões. O jogo valoriza que raciocinar e aproximar-se da verdade e das respostas é também uma forma de exercitar ideias, de associar experiências e uma direção de acerto válida. Relacionados à vida cotidiana e à fantasia, os jogos exercitam ações verbais, motoras e a cognição. Adaptativos, muitos jogos podem atender o desenvolvimento e as habilidades por faixa etária, acompanhando o interesse psicoemocional dos participantes – como é o caso do jogo de cartas Pictureka, lançado pela Hasbro. Nele há quatro modos de jogar, que apresentam graus diferentes de dificuldade; todas as possibilidades valorizam o impulso criador dos jogadores.

Pensando agora na confecção de livros para a sala de aula, o jogo também pode ser absorvido nas rodas de atividade e na diversidade de gêneros, a fim de ir ao encontro das expectativas próprias de cada faixa etária contemplada. Pelo jogo podemos organizar atividades que explorem o prazer da experimentação e da assimilação estética, valorizando o protagonismo dos alunos e suas ações interativas de leitura.

Para Winnicott (1979),[30] "[...] o jogo se situa na interseção do mundo exterior com o mundo interior". Em diálogo com o meio, o jogo é uma atividade física e mental, que desenvolve a autonomia, prepara para a vida e o surgimento da personalidade, permite que se exteriorizem facetas da cultura, além de pôr em evidência nossas capacidades em relação às dos outros.

No mundo contemporâneo, a leitura é condição de acesso à plena cidadania. Formar leitores competentes, que encontrem prazer na leitura e descortinem novos horizontes pelas páginas dos livros, é um dos principais objetivos da educação. E pelo fazer literário podemos avançar muito nesse sentido, tendo os jogos como aliados.

A função própria do jogo – e do brincar – é o jogo em si. Ele alegra e cativa. Na escola, muitas vezes, brincar é para quem já está livre para poder escolher o que fazer (na sala) ou é um tempo reservado, de recreação e extravasamento de energia. Por exemplo, cumprida uma atividade obrigatória, o aluno algumas vezes pode escolher entre outras atividades e até entre jogos. Meninos e meninas muitas vezes se socializam também de modo diferente no regime escolar, o que pode reforçar diferenças de gênero. E em casa, quando estão na companhia dos filhos os pais orientam e exercem com seus meninos

---

[30] WINNICOTT, Donald. *Realidad y juego*. Barcelona: Granica, 1979. p. 42.

atividades físicas vigorosas, enquanto, com suas meninas, praticam atividades sedentárias, ou seja, há mais brincadeiras simbólicas do que ação com as meninas. Porém, no caso de atividades de confecção de livros serem instauradas na sua classe, meninos e meninas poderão jogar com muitos papéis, dividindo tarefas de seleção de textos, produzindo ilustrações, preparando textos, ambientando cenários em colagens, montagens ou similares, etc.

O mundo mágico do jogo nos dá alcance a realizações inalcançáveis no mundo real. No contexto do jogo podemos ter a chance de conseguir tudo o que desejamos e mesmo assim amadurecer pela observação das situações, dos comportamentos e das atitudes. "O jogo é um comportamento de caráter simbólico e de desenvolvimento social; é uma forma natural de troca de ideias e experiências; [...] o jogo exige empenho e atitude [...] e abarca uma infinidade de ações e atividades" (MURCIA, 2005, p. 26). O jogo serve à brincadeira e reflete a forma com que a criança – ou os demais jogadores – atua. Além disso, brincar proporciona interesse pelo conhecimento e atitude nos alunos.

Mas, enfim, por que o fazer literário via confecção de livros artesanais pode estar associado ao jogo de modo artístico e pedagogicamente positivo? Aspectos motores, sociais, emocionais, culturais, criativos e reflexivos se desenvolvem na duração das brincadeiras e de suas práticas, tarefas e troca de papéis. Um recurso à brincadeira pode fomentar a curiosidade, a busca por respostas e hipóteses, o senso de humor, o domínio das reações e a alegria. Além disso, o jogo se diferencia da atividade rígida ou obrigatória ao provocar um forte voluntarismo, adesão, um interesse pelo entretenimento.

Muitas brincadeiras têm finalidade – fazer o gol, acertar a cesta, comer as peças do outro do xadrez, fazer par no jogo da memória, etc. Mas e quando se emite sons para descobrir do que o corpo é capaz, desenha-se livremente ou se escorrega diversas vezes num tobogã? Todas as atividades lúdicas aludem a uma satisfação – e quem poderia dizer que isso não é um objetivo com pontes para a construção de sentidos e o desenvolvimento da inteligência? O que ocorre é que nem todas as brincadeiras ou jogos impõem um resultado final. Pode-se, por exemplo, jogar pingue-pongue até cansar, sem contar pontos. Braços estendidos para os lados em simulação simples de movimento e emissão de som, e a criança *vira um avião*, imitando com seu corpo algo existente na realidade. E elementos complementares ou de apoio, jogos e brinquedos interessam sobremaneira à educação porque orientam atividades e podem sofrer interferências dos participantes. Uma criança pequena não vai começar a jogar tênis ocupando toda a quadra. Ela também pode deixar a bola bater no chão duas vezes antes de rebater, se isso lhe facilitar no aprendizado e na absorção das técnicas motoras iniciais. Um chocalho pode emitir sons e ser colocado na boca por um bebê, pois as duas ações lhe trazem informações. É um processo gradativo, conforme percebemos.

Um livro-brinquedo também pode ser dado de presente a uma criança como literatura, funcionar como brinquedo por um período de exploração tátil do objeto e só depois ser (re)descoberto como livro e história. Porque é a motivação junto ao amadurecimento mental que vai relacionando os saberes em movimento.

Figuras 86 a 88 – Criação, realização e diversão durante as oficinas. *Fusca dos noivos* e *Jacarelo*, duas histórias em prosa, criadas com a ajuda dos alunos. Lagoa Santa, 2010. (Fotos de Ana Paiva).

Quando ajuda a resolver conflitos pessoais, a brincadeira tem efeito catártico. Quando ela dá espaço para a assimilação, exploração e imitação de possibilidades, isso pode provocar sensibilidades, esquemas de conhecimento e competências. Quem brinca acaba também por aprender a perder e a ganhar, a negociar e a respeitar a vez do colega. Ao brincar, criar, reproduzir e repetir ações, em observação a imagens, textos, falas, símbolos, montagens, composições, estilos e comportamentos, a criança aprende a conhecer melhor seu ser individual e social e sua relação com o mundo. Quando um colega imita uma voz, memoriza um texto, faz uma posição engraçada, vai bem numa atividade motora ou mesmo demonstra coragem para enfrentar desafios, na simples observação infantil um pensamento se organiza e estrutura. Da mesma forma, a expressão pessoal de uma criança traz novidade às demais. Assim, gradativamente ocorrem transições dos jogos solitários – período em que a criança brinca mais sozinha e separada – aos jogos de espectador – quando a criança ocupa seu tempo vendo como as outras jogam – até o alcance aos jogos associativos e cooperativos, ambos interativos, porém o segundo com um nível maior de organização de tarefas em função de objetivos a alcançar.

No caso de crianças bem novas, o interesse passa nitidamente pela corporeidade nas atividades lúdicas que incluem o brincar, o jogar e o fazer literário/a criação de livros ou objetos culturais. Um bebê pode passar alguns minutos explorando prazerosamente sensações relacionadas diretamente ao seu corpo – pegar, sentir, soltar, apertar, morder, balançar, ouvir, cheirar, etc. Mais tarde, principalmente após os nove meses, cresce o interesse infantil por objetos e, paulatinamente, vem a percepção de uma permanência deles (objetos ocultos no campo perceptivo e encontrados). Quanto mais se movimenta e se desloca de modo independente, mais interesse a criança tem por brinquedos e exercícios lúdicos. Jogos sonoros, de encaixe e depois de construção e jogos simbólicos vão aos poucos atraindo os pequenos, na medida em que há ganho cognitivo e motor, além de uma capacidade de representação em expansão. Por isso, esses conhecimentos podem entrar na concepção de criação dos livros artesanais escolares.

Juan Murcia (2005, p. 40) comenta a predominância nos dois primeiros anos de vida da criança do jogo mais solitário ou de espectador; entre os 3 e 4 anos predomina o jogo paralelo – quando a criança divide espaço com outras, mas ainda joga de forma bem independente das demais; e entre os 5 e 6 anos observa-se a predominância dos jogos associativos e cooperativos. Essas ideias podem ser bastante válidas no nosso trabalho de oficina e criação de livros.

Vivenciar o mundo pelo corpo é um processo natural. Corporeidade é a maneira pela qual o cérebro reconhece e utiliza o corpo como instrumento relacional com o mundo. A corporeidade evolui com a idade e é um dos principais determinantes da estruturação neuropsicomotora. Para Merleau-Ponty (1980, p. 21):[31] "[...] não há uma palavra, um gesto humano, mesmo distraídos ou habituais, que não tenham significação". Movimento é gesto e linguagem. Agir é algo expressivo. E o corpo é o instrumento para a ação se concretizar.

"Zerinho um!" é um jogo de acaso e de azar. Brincando, as crianças ganham as primeiras noções do que é número par e ímpar. Na mímica, jogo de competição, estão presentes a simulação, a interpretação e a representação de sentido. No jogo de rimas brinca-se com a função rítmica, harmônica e estética da linguagem. Brincar de rodopiar e de "quem gira mais" é um jogo de vertigem e êxtase, de experimentação, sem final previsto. "Serra, serra, serrador, quantas tábuas já serrou? Serra uma, duas, três [...], fora uma que quebrou" – forma de aprender brincando. Por isso, professor, durante oficinas de criação, também relacione a participação dos alunos a um jogar, tendo em mente que jogo é um *mix* de treino, competência e *performance*.

O termo "jogo" combina as ideias de limite, liberdade e invenção. Combina repetição e surpresa, movimento e reflexão. Brincando, a criança aprende. Mas nem sempre é preciso incluir o jogo em utilitarismos. A escola algumas vezes associa jogos e matemática ou jogos e literatura para testar conhecimentos dos alunos – como no modelo "Avalie o que você conhece a respeito dos clássicos". A revista *Nova Escola*,[32] por exemplo, criou uma animação na internet onde é possível avaliar o que cada um conhece a respeito de personagens, estilos de escrita e acontecimentos afins a 25 clássicos da literatura nacional e estrangeira. O jogo é eficaz. No entanto, aprender passa pelo reconhecimento, mas não se restringe a ele. Até porque a inteligência é muito mais do que boa memória. Jogar é também interpretar, buscar saídas, pistas, associações, e há jogos que dão maior margem para essa experiência.

Brincar e jogar, assim como o fazer literário, podem impulsionar a socialização infantil e a aprendizagem, ajudando na consolidação

---

[31] MERLEAU-PONTY, M. *Textos escolhidos*. São Paulo: Abril Cultural, 1980.

[32] Jogo da Literatura. Acesso em: jun. 2012. Disponível em: <http://revistaescola.abril.com.br/lingua-portuguesa/pratica-pedagogica/ jogo-literatura-582623.shtml>.

de habilidades e destrezas. Além do mais, ficcionalizar (imitar e criar usando a imaginação ou a narrativa ficcional) também é um elemento da brincadeira, que pode ser útil nas leituras, teatralizações, jogos e interpretações de textos. Brincar cria iniciativa e coordenação, absorção de valores e transmissão de informações. Quando um jogo ou brincadeira cria identidade pessoal, curiosidade, participação e cooperação, a comunicação é favorecida, e há maior satisfação na adesão.

Há jogos, livros-jogos, brinquedos, brincadeiras e atividades que desenvolvem a sensibilidades para os cinco sentidos, desenvolvem controles motores, a sensibilização, o conhecimento do espaço e das dimensões, o conhecimento do tempo, dos ritmos, dos movimentos e de objetos cotidianos. Outros servem para o desenvolvimento da linguagem e comunicação, desenvolvimento lógico, matemático, ambiental ou social, por exemplo.

Enfim, o jogo e a brincadeira não devem ser tratados como atividades supérfluas. E a confecção de livros pode se tornar uma atividade lúdica, na qual o empenho natural em querer participar exista, mesmo quando não existam recompensas diretas envolvidas. Pois brincar/jogar/fazer já é, em si, para as crianças, atividade recompensadora.

Aprendizados através dos jogos – de ação e de linguagem – são, portanto, um campo rico para a mediação, principalmente nos primeiros anos escolares, quando a vivência é extremamente importante para a criação da experiência, vínculo, compreensão dos fatos e organização dos sentidos.

Figura 89 – Jogo literário de sequência narrativa. Paralfaletrar, 2013. Núcleo de Alfabetização e Letramento. Lagoa Santa, MG. (Foto de Ana Paiva).

Capítulo II – Confecção de livros para a sala de aula: sugestões práticas

Figura 90 e 91 – Escola Municipal Alberto Santos Dumont. Lagoa Santa, Paralfaletrando 2013. A proposta lúdica e criativa inclui convidar as crianças ao desenho das letras numa caixa de areia colorida – no caso de livros, usamos o *pincel mágico*. A atividade inclui prazer sensorial, concentração e a observação de traços e formas. (Fotos de Ana Paiva).

Alfalendo: uma experiência exemplar

Figura 92 – Imagem de oficina de confecção de livros artesanais, 2010. Lagoa Santa, MG. (Foto de Ana Paiva).

A experiência do Alfalendo 2010 está na conjectura de uma pesquisa–ação. No entanto, as produções de livros artesanais em Lagoa Santa não foram premeditadas, ou seja, não houve o intuito de criação das oficinas para que o resultado fosse explorado na defesa (tese de doutorado da FAE-UFMG, 2013 – *Um livro pode ser tudo e nada: especificidades do livro-brinquedo*, p. 490-568). O que ocorreu no ano 2010 foi um agradável convite de Magda Soares – coordenadora do Núcleo de Alfabetização e Letramento – e um contato, prolongado, sempre na Biblioteca Pública Municipal Padre Agenor Assis Alves Pinto (Lagoa Santa, MG), com a forte alquimia existente entre as professoras do Núcleo diante do tema "Oficina de livros lúdicos e livros-brinquedo", o que gerou um resultado pedagógico muito interessante de ser observado, haja vista a construção irradiada dessa experiência, uma vez que as professoras participantes das oficinas tornaram-se mediadoras e difusoras dos conhecimentos adquiridos e levaram às escolas da rede seu aprendizado, suas ideias e uma proliferação de adaptações aos gêneros literários que seriam trabalhados na mostra *Viajando em asas de papel*, no ano 2010. O resultado foi uma quadra esportiva – da Escola Municipal Professora Claudomira – repleta de livros lúdicos, originais e artesanais, exalando arte, criatividade, inventividade literária e trabalho parceiro.

Os quatro meses de aproximação semanal com o Núcleo exigiram a elaboração de um projeto[33] e desencadearam adaptações desse planejamento inicial de oficina de confecção de livros, porque desde o início alguns aspectos foram considerados relevantes para o bom desenvolvimento dos encontros sociocriativos:

- Os livros confeccionados poderiam aproveitar conteúdos existentes, citando autoria.[34]

- Os livros poderiam ser construídos em autoria coletiva – entre professores, entre professores e bibliotecários ou entre professores e alunos – e, nesse caso, teríamos nos livros um registro dos autores e/ou colaboradores na página de autoria/expediente.

- Os sujeitos seriam os agentes do discurso uma vez levantadas possibilidades de afinidade entre forma e conteúdo na confecção dos livros.

---

[33] O projeto (roteiro) está inserido neste livro.

[34] Como é o caso do livro *Poesias*, de Wania Amarante, ilustrado de modo artístico e brincante pela professora Cleonir Dias, da Escola Municipal Professora Mércia Margarida Lacerda Machado; e do livro *O homem da capa preta*, cujos autores são os alunos da Escola Municipal Professor Mello Teixeira.

- Toda nova professora ou auxiliar de biblioteca que pedisse para participar dos encontros ou para substituir uma colega – em dia específico – ao longo das oficinas já em processo seria bem-recebida no grupo.
- O que colocar na mancha gráfica do livro seria uma seleção mediada pelo professor, sempre de modo a valorizar situações comunicativas e o uso social da linguagem.
- Nas oficinas, livros sempre seriam apresentados às professoras em suas representações de ideia e mecanismos de montagem-confecção, e a partir daí estudaríamos possibilidades de uso da linguagem artística de apropriação.
- Cada livro confeccionado teria de ser representativo de um tema em seu plano de expressão.[35]
- Cada elemento ocuparia um lugar de sentido na mancha gráfica.
- O discurso poderia ter caráter heterogêneo tecido em ideias e opiniões variadas.
- Os modos de escrita poderiam ser mistos e diversificados.
- Os livros valorizariam a expressão da forma lúdica e disposições especiais para atrair os alunos em lugar de uma sintaxe editorial mais convencional e costumeira.
- O destino dos livros confeccionados e expostos na mostra seria escolar.
- Seria estimulado que os professores repassassem aos alunos responsabilidades lúdicas e funções colaborativas na feitura dos livros, sempre observando singularidades das disposições comunicativas e dinâmicas de criação de sentido.
- Desde o início seria valorizada a demanda do grupo, o endereçamento, a legitimidade cultural-pedagógica de cada criação, os envolvimentos pessoais e as construções simbólicas de sentido de cada professor-artífice e seus colaboradores.
- Nenhum projeto seria feito mediante coerção, obrigatoriedade ou formalização rígida de aspectos formais e conteudísticos. Todo

---

[35] Por exemplo: capa, formato, cadeia significante, conjunto de significados, imagens de enunciação, etc.

projeto poderia ser adaptado pelas professoras, até porque em cada oficina eram apresentados dois ou três projetos (à escolha).
- Seriam valorizadas obras de manejo autônomo ou mediado, que sugerissem às crianças uma vivência literária, tátil, sensorial, experiencial, corporal e/ou teatral.
- A confecção de livros nunca se apoiou na espetacularização do livro *per si* ou no alicerce de aprendizado da aquisição de uma tecnologia de montagem, estritamente técnica, mas sim numa experiência de significação do mundo, por endereçamento e visando o contexto escolar.
- Sempre deveriam ser questionados os conteúdos aplicados a uma forma de livro e os hierarquismos dos elementos na mancha gráfica, a fim de treinar propósitos de leitura.
- As oficinas seriam dinâmicas e abertas ao diálogo, do começo ao fim, pois as horas de convivência e oficina deveriam ter significado dentro de uma rede escolar e social já existente, já organizada em propósitos curriculares, a qual usaria o aprendizado das oficinas, na mostra e fora delas, em abordagens literárias estratégicas.

O que pode ser dito sucintamente é que essas oficinas ocorreram no contexto de um projeto de formação continuada de professores, em andamento na rede municipal de Lagoa Santa, na área da alfabetização e letramento, em que grande ênfase é colocada na formação de leitores, particularmente de literatura infantil, o que inclui implantação e enriquecimento de bibliotecas, além de familiaridade com livros. A produção artesanal de livros foi a novidade (2010), porque as oficinas trouxeram conhecimentos extras às professoras participantes, sobretudo no que tange à montagem de livros lúdicos e à unidade de um projeto gráfico que acopla forma e conteúdo.

Desde o início, ficou acertado, os livros seriam produzidos pelas professoras, individualmente ou em parceria. Os encontros aconteciam uma vez por semana, por duas horas, até a totalização de 20h/aula. Professoras convidadas eram bem-vindas nos dias de oficina prática. Iniciávamos os encontros com uma conversa e exposição/amostragem de livros infantojuvenis cuja confecção nos era interessante no dia – em formato, dobraduras, montagem, aspecto tátil, convergência de meios, apelo temático, poesia visual, apropriação de gênero, etc.

Algumas ideias literárias e pedagógicas, que já eram trabalhadas pelo Núcleo, foram absorvidas pelas oficinas de confecção de livros. Assim, alguns livros artesanais, após a seleção de um tema e gênero, também podiam indiretamente enfatizar trabalhos específicos com a linguagem, servindo a fins literários e pedagógicos na sala de aula.[36] Na fase de estruturação do livro, após a seleção de um conteúdo motivacional, era possível incentivar, por exemplo:

1. A realização de um trabalho com sequências narrativas (para absorção de noções de começo, meio e fim) através de cenas da história.
2. A realização de um trabalho com partes de uma frase (para o reconhecimento de noções de sujeito e predicado).
3. Um trabalho com escritas alfabéticas (com correção de erros ortográficos) que integrassem os alunos.
4. Um trabalho com uso de letras maiúsculas e minúsculas.
5. Um trabalho de composição por página com separação de sílabas e compreensão de como estas variam em relação ao número de letras, e observação do uso de hífen segundo o novo acordo ortográfico.
6. A observação de unidades sonoras, por exemplo em fonemas e seus contrastes de significado para diferenciar palavras,[37] além da apreciação de rimas.
7. A criação de brincadeiras espaçovisuais com o texto na distribuição de elementos por página – ao modo da poesia visual.
8. O desenvolvimento da percepção de uso situacional/contextual da linguagem com aproximação a gêneros literários.
9. Um trabalho de associação mental entre palavras e figuras ou entre sentidos textuais e impressão imagética.
10. Um desenvolvimento da consciência fonológica por meio da exploração de sons iniciais das palavras – por exemplo,

---

[36] Até porque, os projetos do Núcleo, como o Alfalendo e o Paralfaletrar, são eventos permanentes, periódicos e que geram parcerias de conteúdo e de metodologia de trabalho, ainda que indiretas.

[37] Por exemplo, a diferença entre as palavras PRATO e TRATO, quando faladas, está apenas no primeiro fonema: /p/ na primeira e /t/ na segunda.

promovendo aliterações[38] e seus recursos estilísticos e fônicos de intensificação.
11. O desenvolvimento da leitura silenciosa e coletiva, com estímulo à atenção, à memorização e à observação de cenas, personagens, contextos, fatos ocorridos, desenvolvimento da história, problemas/conflitos e desfecho.
12. Na Educação Infantil, um trabalho de composição das histórias enfatizando as letras iniciais (formas, sons) que compõem a escrita dos nomes dos alunos.
13. O desenvolvimento de habilidades motoras de recorte, colagem e montagem nas páginas.
14. O desenvolvimento da produção de textos com propósito, distribuindo responsabilidades entre os alunos – tais como: ilustração da capa, feitura de um texto de apresentação, colagem das fotos ou desenhos dos alunos na página de autoria, distribuição de elementos pela mancha gráfica do livro, seleção e organização de texto(s), etc.
15. Retomadas e ampliação de conhecimentos sobre a forma ortográfica correta das palavras.
16. O desenvolvimento do pensamento simbólico dos leitores e a linguagem oral.
17. A sensibilização dos alunos para concordâncias corretas – inicialmente, pelos usos de "hoje", "ontem", "amanhã", e depois livremente nas produções.
18. Brincadeiras de caça-palavras que combinam com a estrutura do texto e/ou legendas.
19. A sensibilização dos alunos para o uso de títulos e chamamentos visuais na página.
20. O desenvolvimento de uma consciência de originalidade na produção de textos.

Todas essas ações, de modo amplo, podem desenvolver nos alunos o gosto pela leitura e a produção de textos coerentes, desde que o professor-mediador leve sempre uma variedade de livros para a sala de aula ou convide os alunos ao espaço de descobertas da biblioteca

---

[38] CRUZ E SOUZA, *Violões que choram*: "Vozes veladas, veludosas vozes, / Volúpias dos violões, vozes veladas, / Vagam nos velhos vórtices velozes / Dos ventos, vivas, vãs, vulcanizadas."

escolar. Os alunos precisam entender a *necessidade* do livro que está nascendo – na prática de confecção – para se sentirem motivados a participar com ideias, histórias, desenhos, sequências, correções, etc.[39] Sem compreender o propósito, o aluno pode se desinteressar do projeto.

Figuras 93 e 94 – O material de trabalho das oficinas foi adaptado aos recursos escolares disponíveis. Não foi pedido nada que não fosse cotidiano ao ambiente escolar, e utilizamos material reciclado também.(Foto de autor desconhecido)

Figuras 95 e 96 – O básico utilizado como recurso de oficina incluía: cola, tesoura, estilete, régua, lápis, papéis coloridos, papelão reciclado – plano e cilíndrico –, sobras de tecido e linhas. (Foto de autor desconhecido)

Os professores, depois de apreciar a leitura de vários livros e de escolher seus projetos de livros de oficina, em geral observam os recursos disponíveis nas suas escolas e compartilham ideias

---

[39] Por exemplo, o conteúdo de um livro artesanal pode nascer da produção de textos motivada por letras de músicas, seus ritmos, sonoridade e potencial representação imagética.

com a classe, a fim de selecionar as *linguagens de atuação* material do livro – a exemplo da textual, visual, sonora, tátil, etc. As oficinas ajudam a capacitar o professor-mediador para a prática de confecção de livros e o encorajam a compartilhar o manuseio da montagem do livro com os alunos – principalmente do Ensino Fundamental em diante.

Crianças e meios de comunicação vivenciam transições. Nessa experiência prática (oficina), é necessário, portanto, sentir o que mais desperta a vontade de leitura e de produção de textos nos alunos. Faça uma pesquisa de materiais e texturas que as crianças apreciam – tais como impressões em relevos, pinturas em pano ou inserção de brilhos (*glitter*) e adesivos nos livros artesanais, etc. Pesquisem também títulos/chamadas, temas e visualidades que motivam as crianças no contato direto com livros. Façam frequentemente rodas de leitura e de contação. Observem as recepções de livros, autores, obras, temas e gêneros.

No caso dos livros confeccionados para o Alfalendo, foi a partir da conversa com os alunos que surgiu, por exemplo, via professores do Núcleo, a motivação de trabalho para a confecção de livros de terror – pelo suspense e atenção que esse gênero provocava nas crianças.

As oficinas, vale frisar, devem servir não só para o alcance a uma materialidade – a confecção de livros de papel e tinta. Busca-se, desde o início, *o fazer literário*. Por isso, valoriza-se aquilo que se opera nos momentos de leitura, enquanto as crianças *viajam* por entre uma pluralidade de códigos interpretativos cabíveis no texto. Os livros devem ser originais e criados para a apreciação, deleite, formação e interação – direta e mediada.

Ao longo dos encontros (oficinas) costuma haver uma maior – e natural – conscientização de que a literatura não está só no livro, na sua materialidade final, mas em muitas partes: em impressos, nas interfaces, nos meios, gêneros, canais, na oralidade, etc. Portanto, o gosto pela literatura pode ser incentivado antes mesmo da montagem do livro.

O fazer literário que impregna as oficinas de criação de livros coloca em jogo o mundo ficcional, a interlocução dos alunos, temas, expressões, momentos lúdicos de arte-criação, usos da linguagem e o diálogo com discursos literários diversificados.

Em Lagoa Santa, especificamente, um diferencial para o resultado final positivo das oficinas foi o nível de participação e engajamento das professoras. A adesão e o empenho eram totais, em assiduidade, interesse, busca de materiais, de conteúdos e observação das demandas dos alunos.

Contos de terror: produção de texto e de ilustração pelos alunos.
Depois, montagem em cadernos e acabamento em livro artesanal. (Alfalendo, 2010).

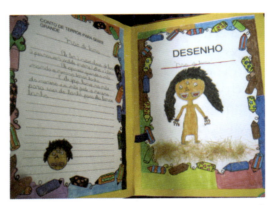

Figura 97 – Mão de lama – *Contos de terror para gente pequena*. Os alunos realizavam inicialmente a produção de textos e as ilustrações táteis seguindo orientação da professora. Depois de corrigidos, os textos eram reunidos em cadernos e realizava-se a montagem da estrutura do livro, inclusive com a inserção de elementos táteis. Criação da Escola Municipal Herculano Liberato de Almeida. Mediação: Profª Luciana Viana, 3º ano. (Alfalendo, 2010). (Foto de Ana Paiva).

As oficinas do Alfalendo produziram um plano de ação voltado para uma situação existente e foram apoiadas pela Prefeitura Municipal de Lagoa Santa e pela Secretaria Municipal de Educação, por intermédio da professora Magda Soares e da Secretária de Educação Nila Alves de rezende. Tal ação envolveu os membros da comunidade (Núcleo Lagoa Santa), impulsionou e acompanhou dinâmicas de criação literária de obras originais realizadas pelas próprias professoras do Núcleo de Alfabetização e Letramento. Os resultados acumulados geraram mais de 900 fotografias, as quais retratam experiências de trabalho envolvendo a formação oral, escrita, literária, pedagógica, metodológica, teatral, plástica, sensorial, sígnica, narrativa e prática de um grupo envolvido com a educação.

Estas são as escolas que participaram das oficinas de produção de livros (2010):

NÚCLEO DE LAGOA SANTA
[E.M. é Escola Municipal]
- E.M. Alberto Santos Dumont
- E.M. Antônio de Castro E.M. Coronel Pedro Vieira E.M. Dona Aramita
- E.M. Dona Maria Augusta E.M. Dona Marucas
- E.M. Dona Naná
- E.M. Dona Santinha
- E.M. Dr. Lund
- E.M. Herculano Liberato E.M. Lapinha
- E.M. Mércia Margarida L. Machado
- E.M. Messias Pinto Alves E.M. Nilza Vieira
- E.M. Odete Valadares E.M. Profª Claudomira E.M. Prof. Mello Teixeira Centro Educacional Menino Jesus
- Creche Nossa Senhora de Belém

A experiência prática do Alfalendo segue um projeto, sua realização, escolhas e adaptações. Os resultados são bem representativos: para a exposição final – de 2010 do III Alfalendo[40] – foram mais de 60 livros artesanais, inéditos, apresentados à comunidade e doados ao acervo escolar.

Nascida num contexto bem específico e sob demanda, a oficina de confecção de livros de Lagoa Santa teve por foco a linguagem e a educação, criou disponibilidade a livros lúdicos, interativos e a livro-brinquedo voltados ao público infantojuvenil. Privilegiou-se a confecções de livros que estimulassem a leitura autônoma dos alunos e a socialização da prática de reconhecimento dos usos de linguagem na objetivação de exercícios pedagógicos literários mediados. As professoras que participaram da arte-criação no III Alfalendo investigaram na duração das oficinas o lugar desses suportes de leitura em sala de aula, no mundo de situações que envolvem entreter e ensinar crianças, intervindo sempre colaborativamente com sugestões, escolhas,

---

[40] Em 2011 e nos anos seguintes, a produção manteve a média, gerando sempre aperfeiçoamentos em função das demandas dos alunos e das escolas.

ideias e apropriações expressivas para um movimento de ensino (o que ensinar) já em marcha.

Livros interativos, lúdicos e brincantes foram levados para os primeiros dias de oficina na Biblioteca Municipal da cidade – endereço emblemático que acompanhou todo o curso. Eles foram experimentados como linguagem, de livro e de brinquedo, foram observados em suas propostas interativas por endereçamento, usos literários e repertoriais, acessos sensoriais, multimeios e jogos. Após alguns dias de contato direto com livros diversificados em gêneros, temas, formatos, acabamento gráfico e origem (nacionais e estrangeiros), apresentamos às professoras um esquema prático de oficina, com sugestões de projetos que poderiam se associar a alguns dos eixos literários do Alfalendo (contos de terror, poesia, teatro, livro de imagem, livro de palavra-chave, fábulas, *causos*, livro-brinquedo) e foi aberto espaço de intervenção para as demandas das professoras e do Núcleo.

O impacto de contato com livros-brinquedo e livros interativos infantojuvenis nacionais e internacionais foi forte e mobilizador, a ponto de as professoras optarem por fazer mais livros desse estilo do que o inicialmente previsto – elas mencionaram que alguns livros lhes seriam úteis pedagogicamente e que, se só conseguissem realizar um projeto por aula, levariam trabalho para casa. As professoras pediram para adaptar mais temas literários a livros lúdicos.

Paralelamente, existiu nessa fase inicial um levantamento dos eventos – como contações, saraus, etc. – que circunstancialmente estavam mobilizando a escola e os alunos, e houve observação aos temas literários previstos para a exposição com projeção de quantificação por gênero. Foi realizado também um levantamento de recursos para a realização dos projetos de confecção de livros, sempre valorizando materiais e substratos disponíveis na região e ambientes escolares, reciclados ou materiais de custo mais acessível, resistentes ao manuseio infantil – ora individual, ora coletivo –, e acabamentos chamativos para as crianças.

Um roteiro de produção por aula foi compartilhado, e foi aberta a possibilidade de participação individual ou coletiva na elaboração e feitura dos projetos mais complexos e demorados. Todo início de oficina era precedido por uma valorização da linguagem, isto é, ratificava-se que os livros não eram somente objetos úteis à coordenação motora e sensorial (folhear, jogar, manusear, apertar, etc.), mas sim deveriam ser observados em suas formas de escritura, ficcionalização, apresentação de comunicações visuais, acessibilidade, experimentação lúdica e potencial a exercícios de letramento – desde a creche. Todas as professoras traziam continuamente contribuições para os projetos, adaptando ideias iniciais brincantes a práticas de ensino.

A oficina de Lagoa Santa exigiu, para a eficácia de sua realização, diferentes técnicas de sondagem, observação e abordagem. Afinal, não bastava produzir livros artesanais artísticos. A oficina só teria sentido se fosse orientada para a participação das pessoas envolvidas e para soluções relativas às suas demandas (literárias). Houve, por todo o período de realização das atividades, uma busca pela conciliação de interesses: entre o que a escola e a comunidade esperam/demandam e aquilo que o professor-oficinista está apto a oferecer como conhecimento, experiência ou perspectiva – para a prática, reflexão e diálogo.

Ao longo do processo, como professora-oficinista, devo dizer que também me transformei pelo envolvimento com o grupo e em relação ao mundo. Afinal, diante do outro e imerso no relacional, as surpresas são sempre maiores, as interações, intensas, e as influências para a compreensão do mundo são mútuas. O mediador afeta o grupo, mas é igualmente afetado: aliás, como na vida social, caracterizada por inter-relações.

A experiência planejada num projeto de oficina escolar produz condutas adaptativas, e só é reconhecida como significativa quando os sujeitos se sentem estimulados e à vontade com a mudança, que muitas vezes gera ao longo do processo conflitos, debates ou ajustes da experiência.

Terminada a exposição, e diante de tão grandes feitos escolares, percebe-se hoje que o Alfalendo funciona como um contato – e vitrine – para um campo que ainda está em via de ser melhor explorado no País, o qual no futuro pode vir a utilizar mais os livros artesanais – feitos nas escolas – para o aprendizado prático da linguagem multimodal e a socialização infantil. Afinal, a criança, ao chegar a um dado momento de seu desenvolvimento, consegue dar conta dos efeitos de sua própria ação e constata sua reversibilidade. E brincar de fazer literatura pode ser um treino fabuloso para desenvolver o protagonismo do aluno, assim como seu conhecimento de habilidades e reconhecimento do outro.

Os resultados aqui mostrados fazem parte do Alfalendo III e de sua exposição; antes do Alfalendo III e depois dele eventos periódicos representam a criação deste grupo envolvido de professoras de Lagoa Santa. Ou seja, estamos diante de algo contínuo e com uma história.

Se no Alfalendo III, após as oficinas de livros de 2010, notamos mudanças e adaptações no que tange aos gêneros de literários, seus subtemas e acabamentos gráficos – mais ousados e diversificados –, talvez isso seja um indício de que a mudança é como uma emergência que vai levando em consideração demandas existentes e elementos de significação novos para os indivíduos ou os grupos. A mudança não somente emerge da experiência do sujeito, mas também é igualmente por ele considerada transformando suas perspectivas, seus hábitos, seus modos de ser e de pensar, suas relações, sua estrutura.

É interessante notar que muitas vezes é somente durante o processo de ação que o objeto (por exemplo o livro a ser confeccionado) emerge para o grupo – como recurso, problema, necessidade, demanda. Os participantes – iniciais e/ou agregados ao longo do processo, convidados pelos próprios participantes iniciais, espontaneamente – são capazes de compreender o objeto progressivamente, pelo contato, pela observação, e aí representam um lugar para ele nas discussões e na emergência de uma consciência.

É preciso, portanto, dar tempo ao tempo e acompanhar o grupo na duração das oficinas, em suas dúvidas, suas mobilizações, seus entendimentos. Sem esse tipo de atenção e acompanhamento, as oficinas ficam desconectadas do grupo e de suas demandas reais.

Outro ponto importante é que os resultados (livros produzidos) legitimados como válidos pelo professor-oficinista devem ser remetidos ao poder de decisão do grupo, iniciadores da mudança. O que seria melhor para a prática pode cambiar na problemática do grupo. De modo que o mediador não provoca a mudança como árbitro; ele detecta questões, tem alcance a um contexto e a uma forma de trabalho ou experimentação prática, e constata um papel a assumir de modo a ajudar a coletividade a determinar os detalhes mais cruciais para uma tomada de consciência e ação coletiva.

Vale mencionar que um grande diferencial desse projeto de oficina de criação de livros foi trabalhar sob a perspectiva de uma rede (municipal e escolar), muito bem articulada em encontros e motivação, o que garante a abrangência do projeto e ajuda bastante ao alcance do sucesso. O grupo formado pelas professoras do Núcleo de Lagoa Santa reúne-se periodicamente, e nesses encontros são definidas metas e traçados os objetivos do que será desenvolvido em e para a sala de aula ano a ano. As reuniões garantem também a integração do grupo e a continuidade das atividades de letramento literário e de alfabetização. Isso é fundamental, porque oficinas de criação com pessoal desmobilizado não atingem bons resultados, mesmo quando há fartura de materiais e disponibilização de uma boa quantidade de horas/aula.

Nas oficinas do Alfalendo 2010, frequentemente utilizamos instrumentos interativos como conversas e rodas de apropriação de sentido literário para que, uma vez manifesto o *feedback* dos membros envolvidos, as informações pudessem ser digeridas, negociadas no grupo e dinamicamente retransmitidas à coletividade – Núcleo –, a fim de que todos na rede conhecessem aquelas percepções levantadas nas práticas de uso educativas da linguagem, e pudessem se apropriar de métodos viáveis para o dia da exposição escolar (Alfalendo). Foi criada, enfim, toda uma situação de dinâmica social, com participação essencial e experiencial do grupo.

Figura 98 – Dia de entrega do certificado de participação nas oficinas de produção de livros. (Foto de Ana Paiva).

Capítulo II – Confecção de livros para a sala de aula: sugestões práticas

Figura 99 – Oficinas: momentos de ação, diálogo e *feedback*. (Foto de Ana Paiva).

Vale também destacar que, em meio aos incentivos à feitura de livros, produção de textos e leituras, a Educação foi pensada nos momentos de oficina como oportunidade de inclusão social, uma vez que os estudos relacionados ao livro, à literatura infantil e a usos lúdicos da linguagem editorial devem refletir práticas de relação com o brincar, o aprender e o apreciar, em benefício a questões pedagógicas socializantes. Ademais, houve alcance positivo de metas tanto no que se refere aos resultados de apropriação literária transformados em livros artesanais quanto no que se refere ao nível de engajamento literário das professoras do Núcleo diante do desafio de produzir livros lúdicos e interativos que aguçassem a curiosidade e fomentassem o gosto leitor das crianças da rede municipal – no caso, da Educação Infantil e anos iniciais do Ensino Fundamental.

Nas oficinas de Lagoa Santa houve fomento a atitudes cooperativas e a competição – entre gêneros literários e escolas participantes – transcorreu de forma saudável e produtiva, promovendo a concentração, o empenho e a superação das professoras.

Figuras 100 e 101 – Último dia de oficina antes da exposição do Alfalendo 2010, *Viajando em asas de papel*. (Foto de Ana Paiva).

O trabalho pedagógico no Alfalendo

A preocupação do Núcleo sempre foi dar continuidade a um trabalho pedagógico, e o maior desafio das oficinas de livros era criar condições de participação dos mediadores e/ou dos alunos nos jogos de criação literários e acontecimentos do saber, tendo em vista uma grande exposição final aberta à comunidade.

Sabemos que a linguagem integra a cultura, e o livro deve ser um bem acessível e atraente. O sentido da produção de livros inclui uma engrenagem entre experiência e imaginação; em Lagoa Santa, valorizava-se intensamente o brincar e as atividades lúdicas que estimulam o contato direto – manuseio, produção e ou leitura – com textos literários.

A partir da seleção de materiais, formatos, temas e da elaboração dos conteúdos para as oficinas, nascem relações entre pensamentos e linguagem, através da memória do grupo, de suas ideias, experiências, demandas, sentimentos e reflexões. Alguns recontos, ficou estabelecido, trabalhariam em suporte brincante com redações e imagens de associação natural dos alunos. O conteúdo dos livros ganharia expressões de exterioridade e de interioridade, denotativas e conotativas. Materiais seriam levados para a sala de aula tendo-se em vista um trabalho com padrões táteis de composição. Em sentido estilístico, algumas professoras trabalhariam com paródia, outras com reescrituras, outras ainda com teatro ou com a adaptação de contos originais. Ou seja, as oficinas seguiam a demanda do grupo.

Foi também estabelecido que os estímulos presentes nos livros de educação infantil do Alfalendo 2010 promoveriam a fantasia, a fala, o toque, o jogo, a interação, a afeição ao livro, a expressão, a contação de histórias (a oralidade) e a busca por sentidos. Os livros dos anos iniciais do Ensino Fundamental estimulariam sobretudo a imaginação e igualmente o contato com a linguagem escrita, suas concordâncias, ortografia, ritmo, sequenciamentos no texto e significação contextual.

Pelo fato de os livros serem produzidos dentro de um contexto escolar, num ambiente comunitário, referido a Lagoa Santa, o estado dos discursos extraía legitimidade de manifestações, histórias e procuras bem afins à etapa de demanda por conhecimento dos alunos, por série. Isso fez com que alguns livros exibissem como que *signos de filiação* e de reconhecimento afins aos seus alunos e anos escolares, isto é, os alunos chegavam à exposição *Viajando em Asas de Papel* e começavam a indicar: "Este é o livro da minha turma"; "Este é o livro que eu ajudei a fazer, mãe"; "Estes *causos* a gente que recontou"; "Este livro é nosso!" (fazendo referência à escola).

Os eventos de experimentação da linguagem valorizaram bastante, no Alfalendo 2010, o corporal, afinal os livros foram criados para o manuseio direto, a exploração de sensações táteis e o desenvolvimento de habilidades motoras. O corpo foi visto como o lugar que ajuda a instalar a linguagem no sujeito, a representar sua argumentação, emoção ou sensação. Por isso, as escrituras verbais e imagéticas aproveitaram, sempre que possível, a materialidade instigante ao toque.

Figuras 102 e 103 – O corporal nas brincadeiras e jogos que antecedem oficinas e na hora da leitura lúdica (*Livro de tabuleiro pop up*, FAPI, traz indicação das regras, do número de participantes, peças, dado e história dos jogos). (Fotos de Ana Paiva).

Mesmo em caráter lúdico, a utilização de livros-brinquedo nas oficinas – ou seja utilização de livros performáticos em formato e composição e que mantêm semelhanças com brinquedos e brincadeiras, são interativos e convidativos ao manuseio direto – devia ter uma estrutura ordenada na enunciação. As permutas, as brincadeiras de sentido, a materialidade do espaço tátil, os jogos propositivos, a referência ao espetáculo, as iniciações à interação autônoma, tudo, enfim, mesmo parecendo livre e divertido, nunca foi improvisado.

Todas as atividades eram refletidas nas oficinas de modo a valorizar as formas expressivas que a argumentação ou o pensamento podem tomar – incluindo o pensamento simbólico, inferencial e proposicional. Chegada a hora de elaboração dos projetos de livro, as impressões estilísticas de harmonia/equilíbrio/proporções/contrastes e inteligibilidade eram explicadas, revistas, comentadas e exemplificadas enquanto conteúdo para a criação de unidade nos livros; paralelamente, sistemas visuais iam sendo agrupados no suporte livro.

Além do *design* do livro, isto é, de sua materialidade e função, refletíamos nas oficinas a aceitabilidade e a motivação por parte dos alunos que utilizariam e desfrutariam de tais livros. A literatura trabalhada nos livros pretendeu, assim, colocar os sujeitos no centro da enunciação em valorização ao lugar da experiência na leitura.

Os tipos de escritura – além do verbal – mostrados nos livros de referência levados às oficinas ajudaram na percepção tanto do objeto-livro quanto nas descobertas do que aprecia aquele que se debruça sobre o livro e sua linguagem. Foram observadas formas de dispor o texto na página, modos de ilustrar o texto e formas de harmonizar textos e imagens. Refletimos nessa ocasião os tipos de apropriação de leitura que ajudariam os leitores a interagir com o mundo por meio da literatura – anunciando formas lúdicas de tratar essas mensagens.

Figura 104 – Ilustração dos alunos para o livro artesanal *Maricota sem dona*. Infantil I. Alfalendo. (Foto de Ana Paiva).

A escritura dos livros voltados à educação infantil foi trabalhada menos com um mero fim e mais como um sabor, uma aventura de descoberta lúdica. Tais produções deveriam criar situações que contribuíssem para esse universo de aproximação da linguagem escrita, contato com a fantasia e o suporte-livro e suas representações de múltiplos letramentos. O texto, em sua organização, deveria tentar dar provas de que deseja o manuseio do aluno, tendo em vista um prazer sensorial, estético, literário e uma proximidade com a linguagem que vem da cultura – dinâmica.

Os alunos da creche, da pré-escola e do Ensino Fundamental, conforme demanda do Núcleo, seriam estimulados a organizar sensações e ideias, articular conhecimentos e emoções, levantar repertório e produzir tipos e gêneros de texto. Quanto ao objeto, caberia ao mediador-professor convidar o leitor-aluno a preenchê-lo de sentido na interação, no contato, no folhear, na apropriação ora espontânea ora mediada do objeto-livro, material literário.

O III Alfalendo conseguiu tornar inteligível um mundo de ideias literárias. Os desenhos, as escritas, a distribuição dos elementos, os enredos, a estrutura artesanal das obras: tudo contribuiu para dotar de significado o conjunto, no dia da exposição aberta à comunidade. Afinal, no acesso aos códigos, a signos, a situações de escritura e de registro as professoras lograram capturar expressões da realidade, identidades do grupo e representações de histórias literárias e do imaginário infanto-juvenil das crianças da rede. A ficcionalização, por exemplo, a partir de encenações programadas para a mostra, foi um dos pontos de destaque, haja vista a resposta que o corpo, a fala, as expressões, as emoções, a socialização, o ato motor e o pensamento podiam trazer para a iniciação à brincadeira de leitura. Ademais, perceber como os elementos de linguagem podem se disponibilizar à comunicação – fala, gestos, entonação, etc. – foi muito instigante para os alunos de Lagoa Santa, que não só ganharam livros novos (artesanais e originais), mas souberam encenar ou apresentar as suas histórias prediletas.

Pedagogicamente, considerando que a prática educativa é um fato social, o que as professoras do Núcleo aprendiam nas oficinas era multiplicado dentro das escolas. O conhecimento não ficou, portanto, restrito a 20 professoras, mas se expandiu na rede. Era instigada (fora das oficinas, para além delas) a participação de alunos e de outras professoras da rede municipal. Além disso, a organização do conhecimento sempre privilegiou uma junção entre a prática de produção de livros e a elaboração literária adaptada aos períodos escolares. A bricolagem do aluno também tornou-se bem-vinda na produção dos livros, após entendimento das situações de comunicação.

Figura 105 – Professoras que fizeram a oficina de confecção de livros, ensinando técnicas de montagem a outras professoras da rede. Alunos representantes de turma também podem participar dessa iniciativa para ajudar seus colegas e a professora-mediadora. (Foto de Ana Paiva).

No Alfalendo 2011 – portanto um ano após as oficinas de confecção de livros do Alfalendo 2010 –, as professoras que participaram das oficinas em 2010 ministraram oficinas para as professoras da rede municipal, de modo a expandir o conhecimento prático adquirido, renovando os acervos literários mediante demandas das turmas e seguindo um planejamento escolar. As salas de oficina ficaram cheias, muitas eram as professoras interessadas, após visualização da mostra de 2010, e o efeito multiplicador dessas ações gerou mais frutos (livros de qualidade e de acervo escolar).

Atrativos e recreativos, fazendo parte de uma unidade (III Alfalendo), mas igualmente diferentes uns em relação aos outros, cada qual ocupando um lugar de invenção e adaptação, os livros expostos em Lagoa Santa para a comunidade anunciaram em suas capas e miolos uma oferta. Algo assim: "Somos abrangentes ao toque e à interação, convidativos à leitura e à apreciação; estamos sintonizados com as vontades do leitor que deseja manusear o objeto livro por identificação ou pela sua atratividade, sem pressentir nessa aproximação uma cobrança ou uma obrigatoriedade didática". Tal oferta gerou reações muito positivas nas escolas.

Figura 106 – Livro artesanal *As borboletas*. Escola Municipal Mércia Margarida Lacerda Machado. (Alfalendo, 2010). (Foto de Ana Paiva).

Por se tratar de criações relacionadas às demandas de uma comunidade, a apropriação cultural das especificidades dos gêneros literários foi sendo adaptada a conhecimentos e a um *savoir-faire*. Esse fato imprimiu nas obras um discurso característico e original. Com isso, cada um tentava representar nos livros sua melhor arte (costura, dobradura, colagem, desenho de personagens, produção de textos, produção ilustrada de cenários, etc.). O resultado foi surpreendente.

Nas oficinas de Lagoa Santa houve, então, esse contato com professoras que agiam em função de suas percepções, suas experiências, suas demandas, suas bagagens, seus valores e em busca de significados coletivos para os livros e a leitura. Quanto ao tempo individual de pesquisa (do professor-oficinista) para as adaptações do planejamento das oficinas, este era também engajado a um tempo simultâneo, de ação integrada com as professoras do Núcleo, ou seja, na duração das oficinas acontecia um *saber em movimento*. E, assim, a partir de cada oficina algumas adaptações ou mudanças podiam ser levadas em frente, para oficinas futuras, tendo em vista atender demandas do grupo.

No processo semanal de oficina, convivência e troca de ideias, livros e educação eram os territórios por onde as ideias circulavam. As professoras de Educação Infantil, por exemplo, buscavam compreender, entre outros assuntos de diálogo, possíveis aplicabilidades para o livro-brinquedo, num momento em que este ainda é escasso como recurso em escolas públicas, até porque, além de caros, muitos livros deste tipo, comerciais, têm acabamentos frágeis para o manuseio autônomo infantil – o que gera rasgo, despencamento de página e utilização coletiva reduzida. As aproximações diretas de obras, autores e temas que caracterizam livros-brinquedo contemporâneos ajudaram a quebrar uma série de preconceitos com relação a esse gênero e categoria literária legitimada pela FNLIJ. Em meio a uma profusão de obras levadas às oficinas, foram observadas especificidades que favorecem o ler-brincando na primeira infância.

Figura 107 – Criança se divertindo com o livro-brinquedo *Girafas não sabem dançar*, idealizado por Giles Andreae e Guy Parker-Rees, com *pop-ups* de Corina Fletcher. (Editora Cia das Letrinhas, 2009). (Foto de Ana Paiva).

Houve também, mesclado às nossas conversas, um combate à ideia de que livro-brinquedo tem de ser guardado para não estragar, só podendo ser usado em mediação total do professor. O livro-brinquedo deve ser concebido para estar na mão das crianças. E quanto mais as professoras interagiam com os livros, mas absorviam acerca de suas potencialidades. Tempo parceiro, portanto, foi esse das oficinas de Lagoa Santa, servil ao desenvolvimento de acervos literários escolares gratuitos, inventivos, originais, lúdicos e afins às demandas das professoras participantes – artífices e mediadoras.

Outros exercícios de pensamento levados à oficina do Alfalendo 2010

Na hora de elaborar criações de livros artesanais algumas dúvidas, naturalmente, aparecem. Será literário por exemplo um livro sem palavras? Será literário um suporte que se comunica pelas suas dimensões, medidas, formato, linhas, formas geométricas, sonoridades, relevos, musicalidade de imagens e jogos de cena? Será literário um livro que se assemelha a uma animação ou brinquedo? Talvez o conteúdo de um livro possa estar em suas manifestações sensoriais, na sua expressão narrativa imagética ou até na caracterização de suas cores quentes e frias. Um livro que mobilize o corpo – mãos, pulsos, ombros e braços – também pode colocar em movimento desejos, habilidades, competências mentais e a atenção do leitor. Na creche, por exemplo, a criança pode expressar o seu entendimento pelos cinco sentidos e mover o corpo, tocar o livro, tatear a obra, como manifestação de que ela se interessa pelo objeto. E o que falar do próprio movimento do leitor-criança em busca do livro? Daquele que engatinha, senta e folheia a obra? A interação direta do outro (leitor) com o livro é uma forma de demonstração espontânea de interesse por esse suporte de transmissão cultural. Alguns livros podem representar signos para as crianças, outros não. Alguns podem instigar o toque e interagir, outros podem fomentar consciências e sentidos, além de sensações e interpretações.

Figuras 108 e 109 – É um livro ou é um brinquedo? Pode ser um *mix* e pode ter qualidade literária. *Lino, o pinguim* (Coleção Aperte e Espirra, Vale das Letras); e *Asnillo* (EDAF). (Fotos de Ana Paiva).

Figuras 110 e 111 – Livro-brinquedo de tecido *Regarde moi!* É livro, brinquedo, travesseiro e fantoche. É tudo junto. A criança brinca de *isso como aquilo* e naturalmente vai desenvolvendo sua sensibilidade semiótica para enxergar não só coisas e objetos mas signos, consciências de objetos e percepção de suas funções aplicadas. (Fotos de Ana Paiva).

Figuras 112 e 113 – Os olhos do sapo se movem na capa e no interior deste livro ao estilo *movable book*. (*As aventuras do Sapo sapeca*, Editora Vale das Letras). Esse mecanismo de rotação parece criar vida para o personagem principal em suas peripécias pela história. (Fotos de Ana Paiva).

Brincar de "isto como aquilo" – manuseando um livro desde os primeiros anos – pode também atualizar e treinar nossa tendência natural, afinal somos seres semióticos. Livros são fenômenos culturais interpretáveis, sujeitos a dinâmicas sociais, comerciais, econômicas, etc. E a criança que brinca com o livro, desde a Educação Infantil, aprende desde cedo a enxergá-lo não só em sua materialidade, mas sobretudo no que ele imprime *além...* em seus sistemas de significação e simbolismo.

Figuras 114 e 115 – *Pequeño agujero* (Barcelona: Coco Books, 2011) é um livro que valoriza um diálogo divertido entre círculos coloridos, que anunciam gostar de se disfarçar e de se esconder. Ao leitor-criança é dada a possibilidade de colorir, desenhar, interpretar e reagir inventivamente com as formas e as ideias que os círculos são capazes de sugerir na configuração das páginas. O círculo vermelho é também a representação gráfica de um campo de forças, ponto focal na leitura. Na horizontal, vertical, suspenso ou inclinado, representa o ponto, a tensão, o lugar por onde a história corre, o "motivo de partida" dos entendimentos e interesse pela leitura. (Fotos de Ana Paiva).

Como mostra de livro lúdico levado às oficinas de 2010, o livro *Pequeño agujero – un libro para pintar e jugar*, impresso pela Editora Coco Books (Barcelona, 2005) é um convite à diversão infantil. Sua capa e suas páginas de miolo valorizam círculos em possibilidades de uso de espaço e de profundidade. As páginas remetem a abordagens textuais, imagens lúdicas e silêncios significantes no espaço. As simulações de movimento e os jogos de percepção relativa, pelos quais um mesmo objeto, em ambientes diversos, cria diferentes impressões de sentido, são instigantes à imaginação compositiva. Os elementos visuais criam associações, sínteses, pausas, continuísmos, vínculos, sequências e ordenamentos enquanto os círculos (personagens) surgem em situações ilustradas, comunicativas e originais.

O livro *Pequeño agujero* sinaliza desejar a interação do leitor – que pode colorir e formar imagens no miolo. A imagem brinca de se deslocar pelo espaço, e a criança sente prazer em conseguir acompanhar o enredo, de modo que os desenhos também viram enunciados. O diálogo e parte dos acontecimentos ocorrem na duração da leitura – ao leitor é dada a possibilidade de criar um polvo, de desenhar a juba de um leão, de compor um jardim, etc., tudo a partir de círculos, portanto a partir de formas geométricas básicas.

O livro, como um campo de forças com seus centros visuais temáticos e desencadeadores de interesse, representa o círculo (ou seu equivalente: o ponto vermelho, de cor quente) como o elemento que retém a tensão e a atenção nessa arte editorial. As cores do projeto editorial conferem luminosidade e diversidade aos cenários. O acabamento vazado, ou seja, a faca especial circular que transpassa o miolo em perfuração, permite que o leitor varie bastante o conteúdo das páginas a partir de um único elemento visual – a carinha circular vermelha – que visita e provoca enunciações.

Dependendo de como o cenário é elaborado na página de *Pequeño agujero*, o círculo também parece se movimentar em relação à mancha gráfica – o mediador de leitura pode chamar a atenção para essas estratégias lúdicas. Associado aos círculos vazados, o personagem (círculo vermelho) cria interesse de leitura página a página: uma linha reta disposta na página, como a haste de uma flor, atrai o olhar para o alto; uma ideia de linha reta na horizontal provoca impressão de repouso; se a linha for ondulante, como trilhos de um trem, a sensação já passa a ser de movimento e de deslocamento; se a linha estiver na diagonal, a ideia sugerida passa a ser a de que o círculo desce veloz, como numa ladeira, etc.

Dinâmico em sua proposta, o livro *Pequeño agujero* é um dos exemplos de obra que cria possibilidades de apreciação de equivalências, profundidade, sobreposição, pregnância, sequenciamento e dualidade (da imagem), assim como evidencia a relação entre a organização de elementos visuais e textuais. A edição também explora a visibilidade do que antes era oculto, propondo ao leitor que participe dessa descoberta de como o espaço gráfico pode ser utilizado – livremente, ainda que em afinidade com a elaboração textual. Uma imagem vai entrando na outra, provocando a outra, conforme folheamos a obra. Frente e fundo desse livro se comunicam artística e ludicamente. As formas circulares interagem com as imagens, e o leitor pode também interagir com as partes por fazer do livro – o que ajuda a criar a noção de que para além do visto há continuações, acréscimos possíveis. O leitor se sente motivado à participação. Assim, além de contribuir para que a criança identifique uma forma geométrica básica, esse livro torna-se interessante em seu conjunto e enquanto livro de narrativa por imagem, com pequenas chamadas textuais. O mote principal da obra é a ideia de que o sentido é interpenetrado por conhecimentos. Assim, apesar de ser simples na utilização de recursos gráficos, como escolha de formato, de impressão e de tipografia, *Pequeño agujero* desperta a curiosidade e motiva a interação leitora em sua materialidade e sugestões de cena. Por isso, esse foi um dos livros levados às oficinas do Alfalendo.

Mais um exercício:
O corpo e a voz se apropriando do livro

A voz é constitutiva do falar. Mas e o corpo? O corpo pode ajudar na interação criança-livro? Sim, e esses exercícios podem ser experimentados em sala de aula. Assim como a entonação marca um posicionamento do falante através do som do pensamento, a participação do corpo também manifesta um engajamento expressivo do leitor em relação ao livro (objeto).

O corpo dialoga. Enquanto toco num livro escolho partes, me detenho em páginas, frases, ilustrações, percorro óculo-manualmente expressões, enquanto meu cérebro processa as ideias.

O corpo evidencia um ritmo de interesse por objetos lúdicos na infância. Para a criança, ademais, não há um conflito entre livro e brinquedo quando ela pode se aventurar entre ambos – no movimento de suas leituras. O importante é que haja conteúdo na proposta. Fala e corpo podem movimentar o contato com apropriações literárias. A própria entonação ou ênfase, capaz de exprimir surpresa, diversão, ironia, etc., estabelece relação com o corpo e seus sentidos. Os gestos idem. Nosso corpo é rico em linguagens e expressões.

A emissão vocal sonora é também um tipo de linguagem corporal e uma forma de comunicação. Gestos, posturas, expressões faciais são formas de comunicação não verbal. A fala estabelece a ligação corpo-voz e participa da *performance* individual da entonação. Assim, falar e experimentar corporalmente um livro infantil pode funcionar como representações e vivências do discurso. Professores que estimulam seus alunos ao reconto e à teatralizações sabem disso. O modo como a voz e o corpo participam da leitura cria habilidades, competências, treino, memória.

Figura 116 – Experimentar corporalmente o livro pode ser muito prazeroso e criar memória de leitura. (Foto de Ana Paiva da menina Gabriela Mol, 7 anos).

O significado do texto, sobretudo no âmbito de leitura infantojuvenil, muitas vezes só emerge na interação: quando a mão pega, manuseia, toca, sente, movimenta o objeto, explora suas formas, seu conteúdo e sua presença para significá-lo.

Pegar o livro, abrir as páginas com as próprias mãos (ajeitando o corpo para tal ação), se interessar por identificar modos de leitura, observar a escrita de palavras, texturas, desenhos distribuídos no espaço, perceber associações entre forma e conteúdo, proporções e muitas outras pistas presentes num livro tudo isso pode contribuir desde a tenra idade para que crianças se movam entre a influência mútua que aproxima autores e leitores, ouvintes e leitores, leitores e histórias. Afinal, a criança pode não saber o que é trama ou enredo e, mesmo assim, viver a literatura.

Interagir com um objeto cultural estabelece um caminho de articulação entre o existente e o significativo. Lugar de experiências, o corpo proporciona memória (acústica, visual, motora, só para citar algumas). Através do tato, pelas mãos, pela boca, pelos ouvidos, pelos olhos, muitas sensações podem atravessar aquele que interage e põe em relação espontânea o corpo e um discurso exteriorizado.

Figuras 117 e 118 – Relação da criança com o brinquedo – e com o livro-brinquedo. Desenvolvimentos em jogo e motivados: ocular, tátil, motor, mental e às vezes sonoro ou fragrante (olfativo). (Fotos de Ana Paiva).

Origem dos sentidos, o corpo pode funcionar como uma espécie de canal ou laboratório que experimenta o discurso exterior e o discurso interior, assim como a sensação e a consciência. Por isso, quando oficinas de confecção de livros estiverem em andamento, proporcione às crianças brincadeiras, teatralizações e recontos com os objetos-livros e seus enredos, a fim de que a percepção das histórias passe pela mediação e pelo protagonismo dos alunos.

A voz, a oralidade como participação na duração exploratória de um livro é tida, por exemplo, como "uma possibilidade de realização efetiva de uma sonoridade" (BAKHTIN, 1981, p. 279).[41] Portanto, através da realização muitos sentimentos, movimentos, significados e habilidades podem ser percebidos pelos leitores.

A implicação do corpo na apreensão de um texto pode dar alcance a mensagens, códigos, reações, emoções. Só o movimento ocular, por exemplo, é capaz de ativar arquivos visuais na memória, impulsionar raciocínios lógicos, criar desejo. A simples possibilidade de entoar um som ou dirigir uma ação corporal para um objeto-livro já modifica a apreensão de um texto. Porque a pronunciação e a interação são formas de orientação do organismo diante de situações.

O texto não fala apenas ao entendimento, atrai sensações e pode agir sobre o corpo, no sentido de que, através da interiorização do material verbal – que é o modo de percepção da obra –, o leitor pode se sentir solicitado, mobilizado. O material usado na produção de um livro infantojuvenil também pode ajudar a criar disposição no leitor criança. Afinal, se o corpo se vê mobilizado ele deseja participar das escolhas, das experiências e das vivências.

O corpo é um lugar de recepção e de produção dos discursos.

A oralidade desencadeada na leitura motivada também pode, por sua vez, incitar nos leitores infantis percepções de ritmo, pausa, intervalo, continuidade e estilo. Além disso, a criança que tenta se expressar pelas palavras está elaborando seu pensamento entre imagens (mentais, sonoras, táteis, visuais, etc.).

Uma pena, no entanto, é a ainda existente desproporção entre títulos em prosa (predominantes) e em poesia (minoritários) no campo editorial infantojuvenil, pois as possibilidades comunicativas poderiam conseguir excelentes respostas corporais através do ritmo poético. Mas nas oficinas podemos investir tempo na confecção de bons livros de poesia. Afinal, "o ritmo é um tipo de organização ou configuração

---

[41] BAKHTIN, M. Les frontières entre poétique et linguistique. Citado no capítulo "A entonação no dialogismo Bakhtiniano", escrito por Véronique Dahlet. In: BRAIT, Beth (Org.). Bakhtin: dialogismo e construção do sentido. São Paulo: Editora Unicamp, 2011.

do sujeito em seu discurso. E a poesia estimula uma espécie de *além-discurso*, o imaginário e convites à subjetividade que poderiam implicar o corpo ao lado das significações e representações.

Visualização de um exemplo prático: um livro artesanal escolar em sua estrutura completa

Zé Murieta, o homem da capa preta (gênero: contos de terror).
Produção de textos, ilustração, colagem e montagem: Alfalendo 2010.

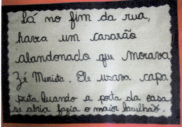

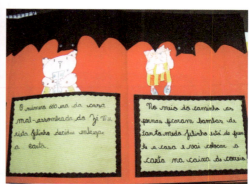

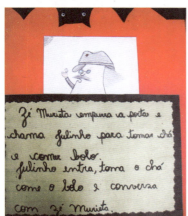

Capítulo II – Confecção de livros para a sala de aula: sugestões práticas

Figuras 119 a 139 – Alunos que participaram do projeto de criação do livro *Zé Murieta* como autores. Os alunos escolheram o gênero, se organizaram em grupos, houve distribuição de tarefas pelo professor-mediador, os alunos identificaram relações entre as partes do texto criadas e enfatizaram elementos que contribuíam para a continuidade dos fatos e das ideias, gerando um desfecho surpreendente para a história. O estilo dos alunos foi mantido, e houve diálogo na sala de aula a respeito dessa produção de textos. (Alfalendo, 2010). (Fotos de Ana Paiva).

Capítulo III

Ações paralelas que podem gerar bons resultados em oficinas de confecção de livros artesanais escolares

Na educação infantil a leitura literária conta em grande medida com a mediação de professores e bibliotecários. As crianças podem manifestar interesse pelos objetos – incluindo livros –, mas a apropriação depende da criação de situações comunicativas e da acessibilidade. Promova, desde a creche e a pré-escola, atividades de contação de histórias lúdicas, invista na leitura de poemas e no manuseio livre de obras resistentes, voltadas a esse segmento (0-3 e 4-5 anos). Um conjunto de ações devem estimular a construção de sentidos enquanto a criança não sabe ler sozinha. O mais importante é que as crianças tenham contato permanente com bens culturais, como os livros de literatura, para que se familiarizem com eles, de modo a interagir naturalmente com a linguagem literária, preparando-se, assim, para compreender usos contextuais, literários e sociais da escrita. Desde o início da trajetória escolar infantil, é preciso desenvolver um planejamento de trabalho com o livro de literatura para despertar nas crianças o gosto pelo objeto-livro e o gosto pela leitura.

Figura 1 – Professor-mediador. Relação bem próxima e cúmplice com as crianças no momento da contação, desde o início da trajetória escolar, permitindo interações, trocas e momentos lúdicos. (Foto de Ana Paiva).

Leve para a sala de aula ou promova na biblioteca escolar um encontro com livros variados: de papel, de tecido, de plástico, fragrantes, em relevo, em *pop-up* etc. Você pode incluir na seleção livros comerciais, disponíveis em livrarias, bienais e bibliotecas, ou livros artísticos e artesanais. Perceba o que desperta o interesse das crianças e prende sua atenção, ou seja, o que abre *a caixa de brincadeiras* no caso da leitura literária infantil e juvenil. Não ignore, sobretudo na creche e pré-escola, o que cria prazer dos sentidos – por exemplo táteis, sonoros, olfativos[42] e motores.

Comece a imaginar o que o fazer literário pode colocar em jogo, em termo de temas, assuntos, cenários, materiais de confecção, gêneros e formatos de livro. Crianças também aprendem na diversão livre, na experiência do sentir (literário). Promova atividades dinâmicas de manuseio dos livros, atividades de aproximação e de reconhecimento. Observe identificações, preferências, demandas e crie um aprendizado com essa vivência entre as obras.

Se tiver material disponível, faça na sua escola uma árvore com livros pendurados por fitas ao alcance das crianças. Selecione livros de capas coloridas, em formatos variados e diversifique as escolhas de gêneros, autores, editoras, ilustradores e temas. Se não for possível fazer a árvore ou utilizar uma árvore na escola, distribua os livros em espaços de fácil acesso, crie *displays* ou suportes de acondicionamento de livros (sugiro de papelão), de modo que as crianças possam apreciá-los, folheá-los e/ou lê-los confortavelmente.

Muitas professoras e professores de escolas públicas e privadas afirmam ter disponível nas escolas EVA e papel colorido para os trabalhos de artes. Considerando esses recursos, os alunos podem iniciar o interesse pela confecção de livros idealizando e montando capas com a ajuda do professor-mediador, após a escuta ou leitura de obras literárias. Esse trabalho inicialmente vai focar não na linguagem escrita, mas sim na linguagem comunicativa e na vivência das histórias, no que toca a sensação e o imaginário das crianças. Haverá desenvolvimento de ações experimentais e lúdicas, além de interpretação dos textos pela narrativa da imagem das capas.

---

[42] Já existem livros fragrantes no mercado editorial.

Promova também com as crianças brincadeiras e jogos, sempre que possível. Por exemplo, brinque com as sonoridades de trava-línguas e enfatize o ritmo de parlendas, cantigas, interjeições, hipérboles, onomatopeias, etc. Leia para as crianças poemas em voz alta e de modo interpretativo. Valorize os jogos de significação, achados lúdicos na linguagem e a ação interlocutória. Tudo isso desperta sentidos e apropriações, cria repertório, representações e memória.

Assim, tente trabalhar de maneira integrada com diferentes linguagens (matemática, musical, literária, etc.) e procure integrar a oralidade a situações de escrita e de produção de textos, mantendo o diálogo aberto com seus alunos. Crie espaço para conversações sobre as obras e valorize os registros dos alunos, pois a escrita garante uma estabilidade para os pensamentos humanos. Amplie possibilidades de intertextualidade e multiplique o acesso a gêneros do discurso. Ouça as versões, as interpretações e os acréscimos das crianças nas rodas de leitura, pois muitas vezes eles acrescentam simbólica e originalmente mais do que esperamos.

Coloque os alunos para produzir temas com você, professor, assim como para levantar repertórios. Tenha os alunos como parceiros, aptos a contribuir para a confecção de livros inventivos. Estimule interações com as histórias – inventadas oralmente ou lidas – por meio da escrita, se seus alunos já forem capazes, pois esse é um dos caminhos para o letramento literário. A interação com os colegas, a ampliação de conhecimento, a produção de gêneros, a habilidade para interpretar um texto, tudo isso aproxima as crianças de situações comunicativas e reflexivas.

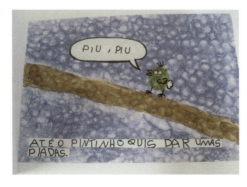

Figura 2 – *Concurso de canto*. Livro feito com as digitais (dos dedos dos alunos), enfatizando sonoridades. Creche Nossa Senhora de Belém. Infantil I. (Alfalendo, 2011). (Foto de Ana Paiva).

Figura 3 – Além de promover a mediação de leitura, dê tempo para a apreciação infantojuvenil direta. (Foto de autor desconhecido)

Monteiro Lobato sonhava com um país feito de homens e livros. No entanto, a pesquisa *Retratos da Leitura no Brasil*, feita pelo Ibope por encomenda do Instituto Pró-Livro, revela que apenas 55% dos brasileiros se consideram leitores. E muitos dos livros lidos anualmente por habitantes no nosso país são didáticos e não literários. Enfim, a falta de hábito e o preço ainda são importantes empecilhos e desafios que afastam os brasileiros dos livros.

Por isso, eventos literários que incluem o social são extremamente positivos não só para a rede e os alunos quanto para toda a comunidade local. Mostras, exposições, feiras de livros, saraus literários e eventos similares criam a circulação de bens culturais e de conhecimentos, além da interação com os livros.

Visitando uma mostra de livros artesanais escolares, os pais, os amigos, os irmãos dos alunos e outros professores podem desfrutar daquilo que os participantes estão fazendo, criando. Afinal, o resultado da mostra são livros bem acabados e desenvolvidos com as habilidades e as competências de professores e alunos, via a socialização de ideias e o planejamento de ações.

Figuras 4 e 5 – Livros artesanais em papel com costuras manuais. (Modelos originais de Helen Hunt e Julie Chen). (Foto de Ana Paiva).

Então, o que toma corpo nas oficinas é muito mais do que apenas a materialidade do livro de papel. A confecção de livros trabalha com produtos da imaginação humana e com os meios à disposição. Ideias, sentimentos, emoção, bagagem cultural, memória, experiência, vivência e trânsito por canais de comunicação facilitam a idealização e estruturação de obras originais. Afinal, um livro é um meio, um bem cultural, um registro e uma forma de organização da linguagem tendo em vista um público-alvo.

Na rotina de atividades, tente criar espaço para a concepção de ilustrações, colagens e escritas. Incentive a contação oral, pois contar é uma habilidade técnico-instrumental mas também sensível: um controle e uma liberdade. Disponibilize para as crianças papel, lápis de cor, recortes e estimule o empenho dos alunos através do conhecimento de um conjunto de propósitos envolvidos ou pela via de noções universais. Por exemplo: Vamos fazer três formas geométricas? Vamos representar quem eram os amigos nesta história? Vamos fazer o castelo do príncipe? Vamos escrever o que se passa nesta cena?

Fazer o livro deve ser um aprendizado não superficial mas profundo, porque socializa as crianças – quaisquer participantes – com maneiras de aprender e interpretar tarefas de aprendizagem.

Figura 6 – Uma das páginas iniciais do livro artesanal escolar *A festa*. (Alfalendo, 2011). (Foto de Ana Paiva).

Até o Ensino Fundamental, a escrita não deve ser trabalhada separadamente dos jogos, brincadeiras, ficcionalizações, teatralizações, recontos, etc. Nada acontece de modo isolado numa oficina de confecção de livros. A comunicação não pode ser *murada*. A escrita se integra com a ilustração, que se integra com a contação oral e com a encenação e assim por diante.

O modo como o pensamento atinge as coisas materiais de que é feito o livro – por exemplo, papel e pintura aquarelada – é, na verdade, o que mais nos interessa. Os livros manifestam linguagens e autorias, além de amplos aprendizados. Por isso, incentive a originalidade do pensamento dos seus alunos e acolha as suas ideias, suas interpretações e seus argumentos tentando promover ganchos com tratamentos literários possíveis – entre os temas e gêneros selecionados em planejamento de oficina. Pela oralidade, pelo gestual, desenhos e produção de textos as crianças podem expressar sua experiência de significação do mundo, o que será simbólico na sua dinâmica social. Aproveite tais conteúdos para a criação das histórias artesanais, solicitando que cada grupo de alunos, por exemplo, ilustre, comente ou descreva – dependendo da idade – fatos da história a ser composta. Assim, você estará colocando em movimento uma produção cultural, e a criança terá papel ativo.

Figura 7 – Ler (Foto: A/D)   Figura 8 – Encenar (Foto:Ana Paiva)

Figura 9 – Escrever (Foto: A/D)   Figura 10 – Ilustrar (Foto: A/D)

Antes de iniciar a montagem de um livro com a sua turma, defina para eles, de modo exemplificado, o que é capa e miolo do livro, para que servem e como se posicionam na estrutura do livro. Abertas, capa e contracapa do livro oferecem uma ótima panorâmica das imagens e textos verbais que convidam à leitura. Funcionam como convite, apelo, registro e chamamento. Exibindo-as para as crianças, muitas perguntas podem ser formuladas para a antecipação do que poderá ser encontrado no interior do livro. Depois, comece a história propriamente dita (miolo), sempre valorizando os significados textuais e imagéticos, as pausas, as ênfases e suas retomadas em sequência. Descreva os cenários, dê vida aos personagens, a seus comportamentos e estilos. Conte a história despertando no aluno as noções de início, desenvolvimento, conflito e desfecho, sempre que possível. Depois, peça que as crianças descrevam ou interpretem o que veem no livro, o que será positivo para o desenvolvimento cognitivo dos seus alunos.

Observe que as imagens, sobretudo até os anos iniciais do Ensino Fundamental, ajudam a vencer resistências e seduzem os pequenos leitores, por serem potencialmente representativas de seus (múltiplos) significados.

Ajude os alunos e os professores, em oficina, a entender o que compõe fundo de imagem e primeiro plano em criação de cenários/cenas/sequências do livro. Leve exemplos de ilustrações e composições artísticas que demonstram tais usos gráficos e que conseguem explicitar o valor da unidade gráfica numa composição inteira. Ou seja, partes e todo devem se pertencer, ainda que na obra haja ênfases, momentos principais e momentos secundários. Uma imagem de fundo pode ser representada, basicamente, por uma cor ou mescla de cores. Alguns elementos – desenhados, pintados, colados, etc. – escolhidos também podem configurar um espaço e contextualizar a história. Outro treino interessante diz respeito à localização dos elementos principais e secundários na mancha gráfica (páginas e seus formatos). Livros de tecido com personagens e cenários em velcro não são caros de ser confeccionados em oficinas e brincam com essas noções, assim como livros imantados, cujos personagens e cenários são feitos de ímãs colados a desenhos, adesivos ou similares – mas esse segundo modelo de livro artesanal já é mais oneroso por conta das mantas magnéticas que servem à paginação.

Também é interessante que alguns livros confeccionados para acervo escolar, dependendo do endereçamento, valorizem em seus acoplamentos e montagem dedoches ou estruturas similares que convidem à narrativa oral e ao reconto. Afinal, estamos considerando oficinas que abarcam a Educação Infantil e, portanto, crianças que ainda não sabem ler.

Figura 11 – Palitinhos ilustrados ajudam as crianças a se relacionar com a história e suas sequências. (Foto de Ana Paiva).

As professoras podem, inclusive, como ocorreu em Lagoa Santa, criar personagens em papel, com dobraduras e desenhos, ou colar ilustrações em palitinhos de papel, de modo que todos os personagens sejam representados na sequência. Outra atividade que pode estimular a futura produção de textos, ilustração ou reconto por parte dos alunos é a feitura de aventais de contação de histórias em TNT e velcro. Todas essas opções incrementam as oficinas de produção de livros e fortalecem o letramento literário.

Figura 12 – Oficinas de criação de personagens em papel, para estimular a oralidade e o reconto. (Foto de Ana Paiva).

Figura 13 – Avental para contação de histórias. Em TNT, EVA e velcro. (Foto de Ana Paiva).

Figura 14 – Prévia das oficinas de livros. A professora conta histórias e depois estimula o reconto. (Foto de Ana Paiva).

Antes da montagem da estrutura final do livro, os professores também podem fomentar nas crianças a curiosidade e lançar um desafio do tipo *caça às pistas*. O livro *Que brinquedo é esse?*, por exemplo, criado pela Escola Municipal Dona Marucas para o Alfalendo, atiçou a observação dos alunos para os materiais e para a montagem de uma pipa. Já o livro *Bruxarias* lançou através de rimas o desafio às crianças de que poções estariam presentes nos feitiços mais potentes.

Figuras 15 e 16 – Livros em exposição num dos eventos públicos do Alfalendo, em Lagoa Santa, MG. (Fotos de Ana Paiva).

Muitas serão, enfim, as possibilidades de trabalhar com os alunos a proximidade dos gêneros literários. O contato frequente com as histórias vai enriquecer sobremaneira os resultados de oficina. Afinal, é muito mais fácil criar um livro artesanal quando se tem em mente um conteúdo, quando a turma tem intimidade com um tema ou interesse por um gênero, e quando o professor-mediador pode se valer da criatividade parceira dos alunos para conceber ou adaptar histórias.

Este livro foi composto com tipografia Bembo e impresso
em papel Offset 90 g/m² na Gráfica Paulinelli